未来食堂にようこそ

客席12席。小さな定食屋が今日も開店しました。

コの字型カウンター。
「意外と広いね」とよく言われます。

お待たせしない、
日替り定食。

ランチは平均
4.5回転くらい。

好きなだけ
よそえるおひつ。

"たくさん"も
"すくなめ"も
ご自由にどうぞ。

写真集や、あつらえの記録、使われたただめし券。
ご自由にご覧いただけます。

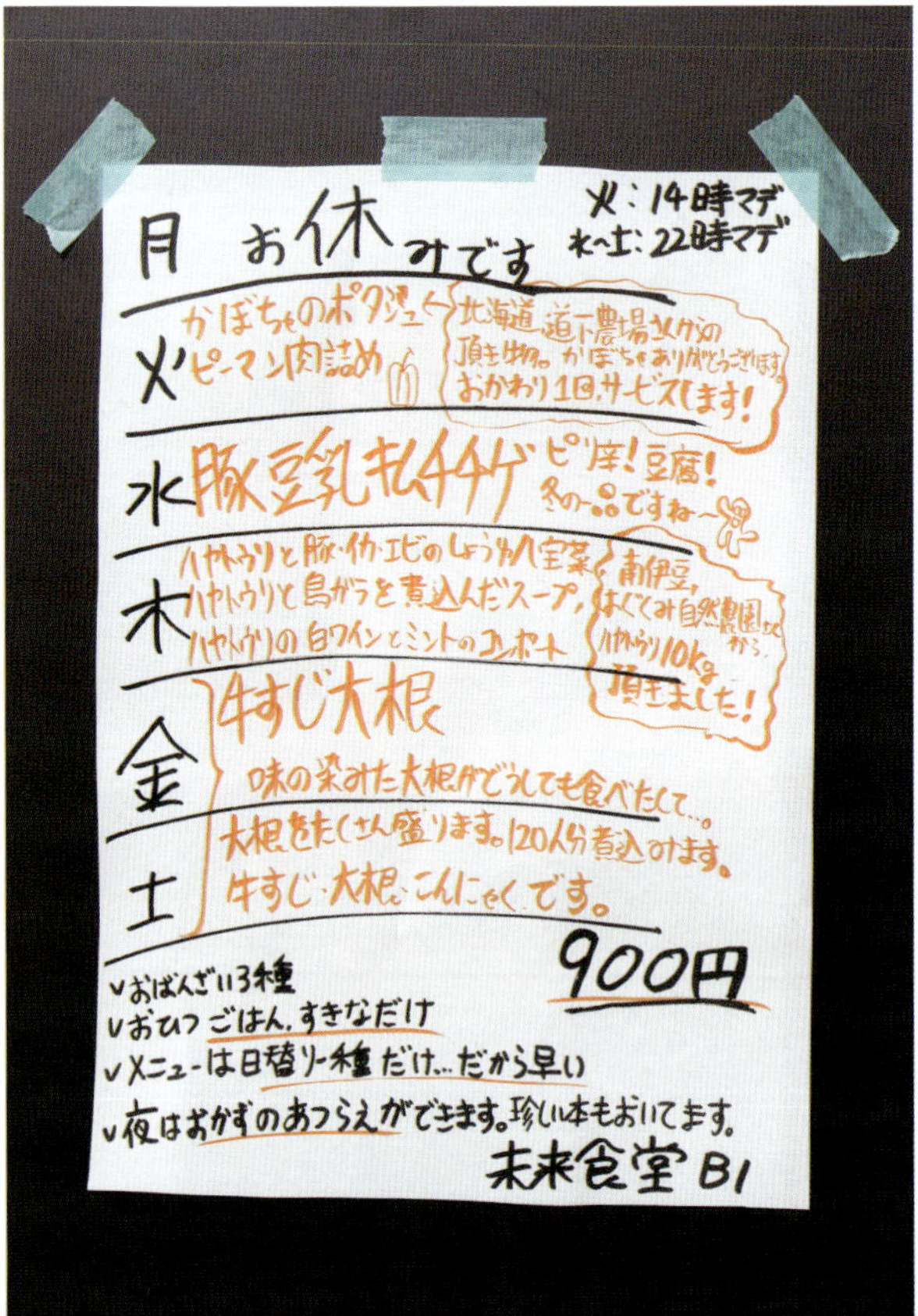

メニューは
毎日日替わり。

季節と共に、
メニューも変化して
いきます。

コメント：著者自筆

ただめしを食べさせる食堂が今日も黒字の理由

「未来食堂」店主
小林せかい

太田出版

はじめに

はじめまして。私は未来食堂の店主、小林せかいと申します。

未来食堂は神保町にあるカウンター12席だけの小さな定食屋。

「そんな小さな定食屋がどうして本を書いているの？」と不思議に思われた方もいらっしゃるかもしれません。


未来食堂のメニューは1日1メニューしかありません。ただし毎日替わります。つまり、日替わり1種だけの定食屋なのです（今日はステーキ定食でした）。

「メニューがないなんて、お客さんから選ぶ楽しみを奪っているのでは？」と思われますか？

〝メニューが5個よりも50個あるほうが、お客様のニーズに合う確率が10倍高くなる〟。この考え方によれば、確かに未来食堂には楽しさがなんにもないかもしれません。でも本当にそうでしょうか？

現在の飲食業界は「お客様の好みに合わせたメニューを提供する」という競争を繰り広げています。その結果、多くの専門店が立ち上がり、数多くのメニューが並ぶようになりました。

想像してみてください。

あなたの住んでいる町に最初は5軒の飲食店がありました。町は賑わい、飲食店も増えてきました。数年後、ある人がこう言います。「よし、このエリアにはまだトルコ料理風薬膳鍋屋がない。トルコ料理風薬膳鍋屋を出そう」。さらに数年後、町の飲食店は増え続け100軒になりました。あなたは100軒あるお店のうちの1軒を選び出し、その町全部で1000種類以上存在するメニューから食べたい1品を選び出します。メニュー番号72番〈自然がいっぱい日本海で梅ばあちゃんが精製したほっこり塩とにっこり太陽のお友達農家の山田さんが丹誠込めて育てた無農薬トマトで作った自家製ハニーケチャップ添えふんわりオムライス〉を……。

その世界を想像した時私は、「そんな未来にいたくない」と思いました。強く思いました。メニューもお店もどんどん増殖する世界に、私は存在したくありませんでした。

〝メニューが多ければ多いほどお客様の好みにあった食事が提供できる〟
〝飲食店では、誰がいつ頼んでも同じ味付けで提供するべき〟
未来食堂はこのような既存の常識からスタートしません。

他にも未来食堂にはいろいろなシステムがあり、今までにない新しい飲食店だと評されています。本書タイトル『ただめしを食べさせる食堂が今日も黒字の理由』も、それを端的に表した一例です。

例えば、誰でも50分お手伝いすると1食無料になる〝まかない〟。未来食堂はこの〝まかない〟で運営され、従って従業員はゼロ人。

また、そうやって得た1食を無料券として壁に貼っていき、剝《は》がした人が1食無料になる〝ただめし〟。

「ちょっとのどが痛いな」「良いことがあった」というような体調や希望にあわせておかずをオーダーメイドする〝あつらえ〟。

お酒の持ち込みは自由だけれど、持ち込んだ量の半分をお店に置いていく〝さしいれ〟。

こんなシステムで一体どうやって回っているの？　と興味を持つ人が多かったためでしょうか、開店から4ヶ月足らずで、テレビ、新聞、インターネット、ラジオなどから次々取材されるようになりました。

だからこの本では、実際に未来食堂がどう回っているかはもちろんですが、『黒字の理由』というタイトルのとおり、単なるシステム紹介にとどまらず、一見驚かれるしくみの裏側や、私と同じように、今までにないことをやりたい人のためのヒントを記載しました。


〝次々取材されるようになった〟と書きましたが、しかし私は、目立つことを目的として未来食堂を始めたわけではありません。

「お店を持つんだ」と決めたのは15歳の時。人生で初めて一人で喫茶店に足を踏み入れた時でした。なんとなく当時読みかけだった本（村上春樹さんの『ねじまき鳥クロニクル』でした）を、どこかで腰掛けて読めないかと周囲を見渡していた時、ふとその小さな喫茶店の看板が目に留まったのです。

初めて足を踏み入れた喫茶店で、劇的な事があったわけではありません。ただ淡々と『ねじまき鳥クロニクル』を読んでいただけだったのですが、初めて体験する〝大人〟であり〝個〟である空間にもの凄く衝撃を受け、「きっと自分はいつかこんな店をやるんだろう」と、なぜだかすっと頭に浮かんできました。

今から考えると、その時感じた衝撃は「学校の自分」でも「家の自分」でもない〝自分〟がそのまま在り、それを受け入れてくれた感覚から生じたものだったと思います。

その後大学時代は、お店を出す修行として歌舞伎町やゴールデン街のバーで働きました。余談ですが、カウンターバーというのは、お酒を売っていくらの世界です。20歳の誕生日からゴールデン街のカウンターに立ち始めた私は、見知らぬお客さんと何を話して良いかもわからず、間を持たせるためにずっとお酒を飲んでいました。お酒を飲んでいると気を遣わないでお客さんと話せるので、楽なんですね。

でもある時「このままだと体を壊してしまう」と気づきました。そして「こんなやり方はプロではない。飲まなくても楽しませるのがプロのあるべき姿だ」と目が覚めまして、そこから先は勧められても仕事中は決してお酒を飲まないようになりました。今もお酒を勧めてくださる方は多いのですが、このときの決意もあってカウンター内でお酒を飲むことはありません。きっとこれからもないと思います。

そんなわけで、細く長くではありますが「いつかはお店をやるんだろうな」と思って過ごしていました。ただ、やるとしたらカフェかバーだろうと思っていました。食べ物屋なんて論外。というのも、私は極端な偏食だったからです。

少し自分の話になってしまいますが、学生時代は朝にざるそば、昼夜はシリアルで1年過ごしていたし、会社員時代は何ヶ月間も、ランチはヨーグルトだけでした。そんな自分の

"ふつう"は、同じ食卓の人達をとても心配させます。「そんなので大丈夫なの？」「もっとちゃんと食べなきゃだめだよ」。そういわれる度に、ただ一緒にご飯を食べたいだけなのに、食卓の中で異物になっている自分を心苦しく思いました。

そんな偏食の自分が飲食店を出すようになったのは、3つの出来事が身に起こったからです。

1つめは高校時代の家出。高校3年生の時にいろいろなことがわからなくなり、家を出たことがありました（飛び出したものの家出の仕方もわからず、当時話題だった『完全失踪マニュアル』を本屋で買って東京に向かう新幹線で読んだのですが、あのときほどあっという間に東京に着いたことは、未だかつてありません）。

なけなしのお金を握り締め、ボストンバッグ1つで着いた東京駅。いろんな場所を転々としながら、街角、池袋のサンシャインシティに向かう大通りなんかで座り込んでいると、不安で仕方なくて『誰でもいいから話しかけてほしい』と思いました。でも、当然ですが、話しかけてくれる人は誰もいませんでした。この世に自分がひとりぼっち。それは身を切られるほど辛かったです。

勢いで飛び出した故に身分を証明するものも高校の学生証しかなく、1日で取れる原付免許を取得して中卒だと偽ったり、捜索願も出ているだろうと判断し夜の出歩きは控えたり、いろんなことがありました。暗くなっていく夕方が一番心細かったです。

紆余曲折あり仕事も見つかり、仕事場の控え室で仲間と夕食を共にした時のことです。「いただきます」のかけ声に、私は涙が止まらずどうしようもありませんでした。何かをわかりあうというわけでもなく、たまたま同じ職場で働いている名も知らない人たちでした。でもただそこに人がいることが、本当にひとりぼっちの自分にとってはものすごく尊いことでした。「こうやって人と人とが共にいることが、自分には必要なんだ」。この気づきが食卓であったことが、自分が食卓にこだわる原体験になりました。ちなみに家出は、その日の晩に家に帰ると親に電話をかけ、結末を迎えました。家を出た時からちょうど2ヶ月が経っていました。

この時の気づきは、未来食堂にとっても大きな意味を持っています。未来食堂では、人と人とがそんなに密接に仲良くなることはありません。ただぽつりぽつりと人が座っているだけの空間です。ただ、言葉をかけることがなくても、何となく人がいるありがたさを大事にしている空気が漂うのは、きっと私のこういった背景が関係しているのだと思います。

2つめは学生時代。当時パートナーと同棲していた自分が、晩ご飯を作っていた時のこと。偏食だった当時の自分は人参が好きで、いろんなおかずすべてを人参で作っていました。人参のサラダ、煮付け、酢和え、炊き込みご飯。普通の人には驚かれるような献立ですが、自分にとっては奇異にも映らず、そんな献立だったことすら忘れていたある日。パートナーに「あの時はびっくりしたけれど、普通に一緒に食べるのが、この人にとって一番いいんだろうと思って驚く顔は見せなかった」と打ち明けられました。その言葉を聞いたとき、衝撃を受けると共に、自分の存在〝そのまま〟を受け入れてもらえる尊さを知りました。未来食堂が「その人の〝ふつう〟を受け入れる場」として、「あなたの〝ふつう〟をあつらえます」というメッセージを掲げているのは、この時の体験が大きく寄与しています。

3つめは会社員時代。エンジニアだった私が、当時高い技術力に定評のあったクックパッドに転職した時のこと。会社にはキッチンがあり、社員は誰でもそこでごはんを作ることができたのですが、仕事が忙しいため、コンビニで適当に買って済ませている人が大勢いました。ショックでした。「何とかしたい」と強く思いました。人が寂しそうにご飯を食べているのを見るとほっておけないお節介屋の私は、さりとて入社したばかりで時間もなく、ご飯を一升炊いて、豚汁などの適当な汁物を作ることしかできませんでした。

『今日はトマトカレー』

画用紙にメニューを書いて回り、食べたい人を募ると、あっという間に人が集まるようになりました。食事場所として設定していた会議室はすぐに満席。前述のとおり質素な献立でしたが、立ち食いする人まで現れるようになったその光景を見て、「今まで食べ物屋なんて無理だと思っていたけど、できるかもしれない」と気づかされました。これが未来食堂の原点であり、原風景となりました。

会社を辞めたこと、なかでも当時エンジニアの憧れの的だった技術力の高い会社を辞めたことに関して驚かれることもあったのですが、私としては先述のとおり、「いつかお店をやるんだろう」と思って過ごしていたので、会社を辞めたことに悔いはありませんでした。また、エンジニアを辞めることについても、何であれ培った能力はどんな場所にいても発揮できると思っていたため、これも悔いはありませんでした（これについては実際に未来食堂の〝しくみ〟をこれからお話ししていくなかで、私の中にあるエンジニア的思想を少しでも感じ取っていただければ存外の喜びです）。

そうやって会社を辞めた後、複数の飲食店での1年半の修行を経て未来食堂を開店しました。

この本に書かれた未来食堂のあり方に、最初は驚かれるかもしれません。
こんなの無理だよと思う方もいるかもしれません。実際に私が会社を辞め、未来食堂のアイデアを周囲に語った時は、「そんなことできるわけない」「そんなことやってどうなるんだ」と何度も言われました。くやしかったです。

しかし、〝ふつう（＝そのお客様にとって当たり前のこと）〟をあつらえるとは、それほど奇をてらった有り様でしょうか？

目の前にお客様がいて、そのお客様が何を望んでいるか、どのような心持ち、体調でいるのか。何かできることはないか。そのように真正面から相手のことを考え、望む一品を提供する。そこにはどこか、今のように高度に発達したコミュニケーションツールが現れる前の、人が人と接していた時代の懐かしい趣があります。


今までにないことをやるには勇気がいります。

自分には無理だと尻込みしたくなるかもしれません。私もそうです。でも、そんなのできるわけないと笑われても、もう少しあきらめずに、現実解を探し出してほしい。


それはきっと孤独な戦いだと思います。

だからこそ私は応援したい。そのためにこの本を出しました。


人と人とが向き合い、世間の常識の枠を越えて、ただその人にとってふさわしいものを差し出す。「誰もが受け入れられ、誰もがふさわしい場所」。
そんなの無理だと笑われて、それでも形になった1つの現実解が、未来食堂です。
その答えがどんな形をしているか、それは本文を読んでいただければと思います。

この本は、先に上梓した『未来食堂ができるまで』（小学館）に続く、私の2冊目の本です。『～できるまで』は、文字どおり、未来食堂が開店するまでのブログから抜粋した日記ドキュメントでしたが、こちらは、開店以来の日々の経験から得た気づきや、同じような事をやりたい方へのヒント、そして、未来食堂という形を通して私が伝えたい、思想的な内容を掘り下げて書いた一冊です。日々の営業の合間をぬって書き下ろしました。

＊

先に「未来食堂は新しい形の飲食店です」と書きましたが、それは2016年現在での話。ひょっとして数年後、この本を手にしているあなたの世界では、〝よくある〟飲食店の形でしょうか。

おかずのリクエストができたり、ある人がお客様になったりお手伝いになったりするお店。

人が人を思い、その人らしさを常識で縛らず、ただあるがままにその人を肯定する。そんな信念を持つ場所が未来食堂以外にもたくさん出来ていたら。

そんな未来になっていたら、とても嬉しい。

私は、そんな未来にいたいです。あなたとね。

ただめしを食べさせる食堂が
今日も黒字の理由

目次

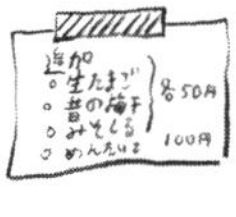

第1章
未来食堂ってどんな店？

神保町の小さな定食屋

未来食堂は東京千代田区神保町にあるカウンター12席だけの小さな定食屋。メニューは毎日日替わりで1種類だけ。夜は昼と同じ定食1種類に加えて、おかずのオーダーメイド〝あつらえ〟ができる定食屋です。

定食は900円。一度来ると永久に使える100円割引券をお渡ししているので、2回目以降は800円。提供メニューを1種類に絞り効率化することで、お客様が着席してから5秒で定食をお出しできるなど、ビジネス街のランチニーズである〝限られた昼の時間の中でおいしい物を早く食べたい〟を実現しています。

従業員は私1人だけ。ただし、〝まかない〟というしくみがあり、1度以上来店したことのあるお客様なら誰でも、店の仕事を50分手伝うと1食無料になります。この〝まかない〟のおかげで近隣の方はもちろん、全国からやってくる方々が未来食堂を手伝ってくれています。

また、こういった仕組みや事業計画、月次決算はすべて公開し、誰でも二次利用可能。飲食業界ではあまり見られない、オープンな姿勢を取っています。
と、いろいろ詰め込みすぎました。順に紹介していきましょう。

メニューは日替わり1種だけ

未来食堂には〝選択する〟という意味でのメニューはありません。いつも日替わり一種類だけなので、席に着くとその日の定食が出るしくみになっています。店先に週単位の献立表を貼っているので、それを見て来店される形になりますが、たまに「メニューはないんですか？」と聞かれることも。「申し訳ありません。1日1種類で、今日は『鮭のしそ南蛮漬け定食』となっております」とお話し、だいたいの方は「じゃあそれを」と言われますが、お好みに合わない方にはメニューの場所をお伝えして、お好みに合う時にお越しくださいと説明しています。

『メニューが1種類だけでそれが毎日替わる』という形に驚かれる方も多いです。ですが、この形にすることでオーダーを取るという作業がなくなり、お客様が来店される姿を見た瞬間から調理をスタートすることができます。結果、お客様が着席してすぐに食事を提供することができるので、お店にとってもお客様にとっても良いしくみです。

〝すぐに提供〟と言いましたが、具体的には全部の料理が出揃うのが1分以内を目標にしています。調理時間を要する主菜の場合（揚げ物など）でも、おかずとお茶碗を載せたお盆は着席して5秒以内にお出ししているので、すぐに食事を開始することができます。

このように効率的なメニュー形態だと説明していると、確かにそれは事実なのですが、一方で味気なくも感じられたかもしれません。「5秒で出すということは5秒で食べ終わらないといけないのか⁉」もちろん、それは誤解です。

一般的な飲食店が、ランチタイムのお客様の滞在時間を「配膳・食事・食後の一服」と分け、10分・10分・10分の平均30分と見積もったとしましょう。未来食堂の場合は、最初の10分を0秒にしたいと考えているのです。そうすると、お客様は急かされることなく、結果的に滞在時間が10分短くなります。未来食堂が目指しているのはそういった、お客様のためになる効率化なのです。

さて、日替わりのメニューは、基本的に同じ物は二度と作らない、本当に〝日替わり〟です。王道おかず（ハンバーグやしょうが焼きなど）は複数回作ることもありますが、それでも2ヶ月程度は間をあけます。

作るものはなるべく季節に合わせたもの。例えば夏であればゴーヤチャンプルー定食。汁物を味噌汁ではなくそうめんや冷汁にしたり、冬は餡かけやシチュー。先ほど例に挙げたハンバーグも、夏であればサラダ多めのおろしポン酢、冬であれば根菜添えの煮込みなど、季節に合うよう調整しています。年末の汁物を年越しそばにしたり、お彼岸にはぼた餅、給料日の25日には、すき焼きや鯛茶漬け定食などの高原価率〈ごちそうメニュー〉を出したりと、〝いつも同じ〟ではなく、少しでも毎日の食事が日々の記憶と重なるように心がけています。

主菜と共にお出しする小鉢も、夏の時期はキュウリ、冬瓜、トマト、カボチャ、ズッキーニ、オクラなどを使い、味付けも梅和えやピクルスなど暑いなかでも食が進むような物。冬の時期は大根を炊いたりほうれん草を使ったり。

お客様からは「色んな小鉢が付いてきて季節の食材があって、しかも毎日替わるから嬉しい。こういう食事って家庭的だけれど家じゃできないのよね」とよくお褒めに与ります。一食何品目くらい使っているんですか、ともよく聞かれますが、だいたい15～17品目程度が目安。盛りつけてみて、ちょっと今日は品目が少ないかもという時は、味噌汁に残りの野菜を刻んで入れるなどしてバランスを取っています。

1つ1つの献立もそうですが、1週間単位で考えたときも「食材」「味付け」「調理法」が重ならずバランスが取れるよう調整しています。具体的には、①肉と魚を交互に出し ②中華、和食、洋食の偏りなく ③揚げ、焼き、生がバランス良いように、献立を組みます。例えば、〝唐揚げ〟の次の日は〝鉄火丼〟にしたり、さらに言うと鉄火丼は和食なので唐揚げを中華風に〝油淋鶏〟にするなど、細かく調整しています（ここに「④季節感」が入るわけです）。

メニューを毎日替えているため、毎日来られるお客様も多くいらっしゃいます。1日60人くらいの来客があり、毎日来られる方は10名弱なので全体の1割程度といったところ。2日に一度程度になると、全体の3分の1程度まで高くなります。

頻繁に足を運んで頂ける理由は様々でしょうが、バランスが取れ季節感のある日替わりメニューであることは理由の1つだと思います。

〈毎日日替わり1種〉の超・合理的ポイント

さて、こうやってお話ししている〝毎日日替わり1種類〟、他の飲食店ではあまり見かけませんが、それにはいくつか理由があります。その理由をお話するとともに、解決策をヒントとして載せておきます。

ルーティンも併用する（難易度：★）

いつも同じ物ではなく違う物を作り続けるので、発注や仕込みをルーティンでこなすことは難しくなります。ただ、例えばメニューを10個ストックして、〝10日ごとにリピートする日替わり〟などにすれば、ルーティン化でき、労力を削減することもできます。未来食堂の場合は毎日新しいメニューを作り続けていますが、小鉢にはよく『卵焼き』が登場します。卵焼きは季節問わず提供できる便利なおかずです。

変わるものではなく、変わらないものでユーザーを引きつける（難易度：★★★）

毎日メニューが替わるということは、お客様にとってみると「あのメニューがおいしかったからまた行こう」ということができなくなるわけです。店側としても「当店お勧め◯◯ハンバーグ！」といった看板メニューでの売り出し方が難しくなります。メニューがいつも替わるにもかかわらずお客様にリピートしてもらうためには、メニューではなくお店の魅力でお客様を引きつける必要があります。「あのお店に行けばおいしい物が食べられる」「いつも違うけれど好みに合っている」。このようにお店自体に対する期待値、ブランドを高めなければいけないのです。メニューを選ぶ楽しさをお客様から奪っているぶん、それを越えるメリットを提供する必要もあります。〝普通のショウガ焼き定食〟なのであれば、メニューを選べる楽しさがあるぶん、普通のお店に行きたいですよね。

料理人の方に未来食堂が1日1メニューしかないことをお話すると「良いですね〜。私も本当はそうしたいですよ。でもなかなかこの業界に長くいるとできることじゃないですよ」とよく苦笑されます。元会社員の若造が無知ゆえに恐れを知らず〝日替わり1種類〟という選択をして、たまたま成功したように見えるのでしょう。

たまたまではありません。日替わり1種類というのは店にブランドがないと成り立たない、非常にリスキーなあり方です。前述したとおり、季節にこだわり、1週間のバランスにこだわり、多品目にこだわるあり方も、やっぱりここまでしないとお客様に「来て良かった」と感じてもらえないと考えるからです。

「あそこにいけば大丈夫」が浸透してきたゆえに、普通だと地味すぎてメニューとして難しいものもお出しできます。例えば〈イワシのパン粉グリル定食〉。イワシにソテーしたパン粉を詰めグリルした、イワシの脂がパン粉に乗りとてもおいしい一品。ただ、これがメニュー表に載っていたとしても、地味なルックスですから注文する人はほとんどいないでしょう。しかし未来食堂ではこの〈イワシのパン粉グリル〉を推しさえすればその日のメニューになりますから、多くの方に召し上がってもらえるのです。メニューで気を引こうとすると、どうしても肉類が多くなったり塩分油分の高い〝外食メニュー〟になりがちです。そうではなく、本当にお勧めしたい物を提供でき、それでやっていけるのは、料理人冥利に尽きるありがたい話です。ちなみにこの〈イワシのパン粉グリル〉、「どうやって作っているの?」とお客様からよく聞かれ、「お弁当にも良さそう。作ってみるわ」とご好評頂いた一品となりました(パン粉の中に砕いたナッツを入れ食感を出すのがポイントです)。

規模感によって変わる「確率」を意識する(難易度:★★★★★)

例えばファミリーレストランを考えてみましょう。ファミリーレストランのメニューが1種類だとすると、使い勝手の悪いお店に感じられませんか。その理由は、グループ客と『メニュー1種類』が相容れない関係だからです。ファミレスにはテーブル席やソファー席が多くあり、3人以上のグループ客が来ることを想定しています。だから『メニュー1種類』が不自然に感じられるのです。

どうしてグループ客と〝メニュー1種類〟は相容れないのでしょうか。それは、全員一致で好みを揃えてもらう必要があるからです。例えば〈鯖味噌定食〉でいい、と1人が言う確率を仮に0・6だとすると、4人がOKを出す確率は単純計算で0・13（0・6の4乗）。もの凄く低い確率になってしまうのです。グループのうち1人でも「私、魚食べたい気分じゃない」という人がいれば、そのグループ全員を取り入れることができなくなります。

また、通常の規模の飲食店でメニューを1種類にすると労力と人員が見合わなくなることも大きな理由です。例えば客席が50席の飲食店でメニューを1種類にすると、仕込みは1人で可能かもしれません。ですがそのサイズの飲食店の厨房は、通常の設計なら、1人で片づけたり料理提供をするのは大変です。ですので、厨房要員が例えば3人は欲しいとなるわけです。そうなると3人分の人件費を確保する必要があり、客数を3倍確保する必要が出てきます。そうなると、グループを取り逃がす可能性の高い〝メニュー1種類〟ではやっていけません。メニューの数を揃え皆が行きたいと思うお店にする必要があります。

対して未来食堂は12席の小さなお店。1人でやっているのでお客様を無理に取り込む必要がありません。その日のメニューに惹かれて来るお客様やリピーターだけで十分採算が取れるのです。たとえるとバッタと自動車のようなものです。自動車はバッタよりも速いですが、ガソリンが必要だしそもそも自動車を作らないといけません。バッタはぴょんぴょんと身軽に進んでいきます。身軽にすることで人件費も少なくなり、少ないお客様でも十分回るようになり、万人に振り向いてもらうメニュー構成にする必要がなくなるのです。つまり、〝メニュー1種類〟は、お店を作る時点で意識してバッタタイプにしないと無理なのです。

翌週のメニューはお客様が決める

この日替わりのメニュー、実は私が決めているのではありません。

週終わりの土曜日の夕方頃、ちょっと落ち着いた店内にいらっしゃるお客様たちに、「来週何食べたいですか?」と聞いて決めているのです。

ハテナ顔のお客様達に「来週のメニューを今ここで決めるんですよ」と言うと、動揺が走ることも。「来週、僕来れないので」という方もいらっしゃいますが、「特に来られる必要はないので大丈夫です!」と励ますと(?)、アイデアも徐々に湧き上がってくるようです。「今召し上がっているショウガ焼き定食も、先週の誰かのリクエストなんですよ」というと、皆さん少し嬉しそうな感じになりますね。

とはいえ『メニュー会議』は真剣そのもの。「トンカツが食べたいです」「チキン南蛮が食べたいです」というお客様達に「トンカツとチキン南蛮だったら揚げ物が続くから却下！」と返したり、「煮魚が食べたいな」と言われて「夏の暑い時期に煮魚は暑苦しいので、カレー煮ではどうでしょう」と季節感を乗せてみたり。

金曜土曜は同じメニューなので、1週間のメイン4つ（火、水、木、金土）をこの会議で決めます。「ちょっと味付けが濃いものが続くから、ここの肉じゃがはポトフに変更」「エビチリに合わせるのは味噌汁じゃなくて中華風玉子スープにしましょう」「アジフライだけだと単価が低いから、グリル野菜も添えて豪華目に仕上げましょう」と細かくデッサンし、1週間のイメージをつかみます。

よくお客様から「メニューを考えるの大変じゃない？」と聞かれることもあるのですが、実はこういった形でお客様の力を借りているのです。ただ、リクエストである以上、自分が作ったことのないメニューを作ることも多々ありますから楽ではありません。

例えば冬のある日に、東北出身のお客様から〈芋煮定食〉をリクエストされたことがありました。私は芋煮を食べた事がなかったので、休みの間に山形料理屋に赴き、お店の方に作り方をお聞きしたり（ゴボウを入れないのがコツなんだとか）。〈タンドリーチキン定食〉ではインド料理屋に走り、〈エビチリ定食〉では中華料理屋をはしごしたり。料理の味だけではなく、インド料理の付け合わせ、中華っぽく見える盛りつけ方…、学ぶことはたくさんあります。休日はたいてい翌週のメニューのために飲食店をハシゴするのに加えて、季節の調理を学びに和食も食べに行くので、1日4回食事をすることも珍しくありません。

「作ったことない物を毎日作り続けるなんてよくできるね」と、お客様に驚かれることもあります。確かに大変ですが、目の前にいるお客様から「芋煮が食べたいな」と言われたりすると、やっぱりその思いに応えたく、できるかぎりはがんばってしまいます。リクエストで決める献立だから、自分のモチベーションも続くのかもしれません。

この他、運営面での大きな特徴として、『50分のお手伝いで1食サービス』の〝まかない〟があります。このシステムによって様々な人や知恵が未来食堂に集まるのですが、この詳細については次章で各システムを説明しますので、今はこのくらいにとどめておきましょう。

1人でも回せる効率的な店作り

メニューが1種類であることや、お皿の種類を極端に減らしその代わり数を4回転分用意するなど、効率的な店作りを徹底しています。結果、働くのが私1人でもランチ4回転くらいまでなら余裕、4・5回転を超えるとちょっとあたふたする程度までオペレーションを練り上げることができました。ちなみに開業前、ランチを1人で回すことを様々な飲食店オーナーに話したところ、「ランチを1人で回すなんて絶対できない。1回転もできないだろうから計画を見なおしてからまた来なさい」と剣もホロロに扱われたこともあります。くやしかったですが、開業してない身でいくら言っても机上の空論なので言い返すことはありませんでした。

効率化の知恵は、会社を辞め様々な飲食店で修行をしていた時に学んだものです。

例えば保存用タッパー1つにも学ぶものがあります。修行先の一つである老舗仕出し屋で働いていたときのこと。20年30年働くのが当たり前の世界で、もちろん私は床磨きや洗い物を担当していたのですが、その店ではタッパーを適当に100均などで買い足すため、タッパーの種類がバラバラでした。当然場所は取りますし(シンクの上にしまう棚があったのですがよく落下していました)、合う蓋を見つけるのも一苦労です(「このタッパーはそのグリーンじゃなくてピンクの蓋!」とよく怒られていました)。そんな日々を通して、『未来食堂では絶対にタッパーは1種類にしよう』と思ったのは当然の話です。今では1種類の、重なりよいタッパーを40個ほどストックしておくことで、省スペースかつ効率的に過ごしています。

こういった効率的な作りを視察するために、飲食店関係者の方が、先述した〝まかない〟にいらっしゃることも多いです。

月次決算、事業計画書はウェブで公開

２０１５年10月：１，００１，４００円、２５２，４４８円。２０１６年５月：１，２３１，０００円、３４９，５０６円。

この数字は、未来食堂の月次売り上げと原価です。

未来食堂は毎月の決算をブログ上で公開しており、売上高、原価を誰でも見ることができます。何のために公開しているのかとも聞かれますが、例えば飲食ビジネスをやりたい人にとっては参考になるでしょうし、経済学的な視点でも有益なデータです。そして何より、ご覧頂いたお客様に親近感を持ってもらえます。

原価を公開することで、適切な原価率で運営していることの表明にもなります。ちなみに未来食堂の原価率目標値は売上の25～28％。飲食店の平均原価は3割と言われており、最近はより高原価率（45％など）にすることでお得感をアピールする戦略が盛んなので、目標3割弱と公言していると、「粗悪な食事を出されるのでは」とネット上で陰口を叩かれることもあります。

もちろんそうではありません。食材をごまかすことによって原価を下げようとたくらんでいるなら、そもそも原価を公開することはしないでしょう。

未来食堂では1食あたり15品目以上を使っていることやその内容から、原価3割を切っていることを驚かれることもありますが、食材の残りを次の日の小鉢に使うなどして廃棄をほぼゼロにすることで、原価率を下げているのです。

色々な工夫や実体を無視し数字だけで判断され陰口を叩かれるのは辛いものです。例えば割り箸などの消耗品も〝原価〟に組み入れることによって原価を高く見せることも可能なのですが、陰口からの防御は本質ではないため、一度決めた会計処理『原価は食材費のみ』を守って決算しています。陰口などのネガティブな反応は、情報を公開しているがゆえの必要税なのでしょう。


個人的な意見ですが私は、お金を儲けて利益を出すことを悪だとはまったく思っていません。後ほど詳しく紹介しますが、未来食堂には〝まかない〟などお金を払わなくてもサービスを受けられるしくみがあるため、「未来食堂は儲けを考えていないビジネスだから素晴らしい」と言われることがあります。しかしそれは誤解です。お金は投票のようなもの。たくさんの方に共感していただき、儲けをきちんと出すことがビジネスとしての大前提であり自分の責務です。そのコミットメント、結果を公開することでお客様に真摯な姿が伝わるとも考えています。

「儲かって調子良いから公開できるんでしょ」と言われることもあります。確かに開店当初からお客様に恵まれ好調なスタートを切ったことに加えて、様々なメディアで注目されたこともあり、開店前に作成した事業計画と比べるとかなり上向きの業績を収めていますが、これはあくまで結果にすぎません。良い業績だから開示するのではなく、どんな結果であっても開示してそこから向上していく、それこそが求められる姿勢ではないでしょうか。

また、開業時に作成した事業計画書もインターネット上で原本を公開しており、誰でも見ることができます。この事業計画書は、中小企業庁が主催する創業促進補助金に２０１５年度に採択され、２００万の助成金が下りた計画書であり、これから事業を始めたい方にとって格好のサンプルだと思います。

飲食業に〝オープンソース〟を

「それにしても、どうして未来食堂は決算や事業計画書を公開してるんだろう？」と思われた方もいらっしゃるかもしれません。

それはおそらく、私が以前ＩＴ業界で働いていたことが大きく関係しています。

〝オープンソース〟という言葉をご存知でしょうか。

［オープンソース］：ソフトウェアの設計図にあたるソースコードを、インターネットなどを通じて無償で公開し、誰でもそのソフトウェアの改良、再配布が行えるようにすること。

ＩＴ業界にはこのオープンソースという概念があり、これこそがＩＴ業界を迅速により良く発展させた根幹だと私は考えています。無料（フリー）であることが重要なのではありません。可視性高く、他人も成果物に対して意見できる透明性（オープン）が重要です。オープンソースについて語ると長くなるのでここでは避けますが、自分がＩＴ業界でエンジニアとして働いていたときから、この思想をとても好ましく思っていました。飲食店で修行を始めた時や、お店をやろうと計画を立てた時、一番何とかしないといけないと思ったのは、不透明でクローズドな飲食業という業態でした。

〝看板メニュー〟という名の下にレシピを隠す飲食店や、〝セミナー〟という名の下に知識を隠蔽する飲食店開業コンサルタント。『自分の知識を隠すことで勝者となる』ことが既存のビジネスのあり方だとして、私はもっと別の未来があると思うのです。それが、オープンソースによる『知識のシェア』です。

知識をシェアする未来を望むのであれば、まずは自分が身を持って示さなければいけません。それが、私程度の若輩者が持っているわずかな知識や経験をオープンにしている理由です。事業計画書を公開したのは開業前だったので、「まずは未来食堂を成功させないと」とプレッシャーもひとしおでした。「理想論を掲げて、やっぱりだめだったじゃん」と言われるのは、だめだったら仕方ないのですが、やっぱりくやしいですからね。

鎖国された世界に、少し先にいるIT業界の考え方が持ち込まれたことにより、どんな変化が起きるのか。その変化の一端は、これから紹介する未来食堂の風景に、少し感じ取れるかもしれません（小さな自分の一歩なのでまだまだこれからではありますが）。

〈オープン化〉の超・合理的ポイント

「完璧でないと公開できない」という思い込みを捨てる（難易度：★★★）

「こんなレベルではまだまだだから、もう少し経ってから公開しよう」と思われる方もいるかもしれません。しかしそれは違うのです。もっと完璧にしてから、と思ってしまうと、時が来ることはありません。人の役に立つのは必ずしも完璧な情報、成功譚ばかりではないのです。確かに荒削りの状態での公開は、嘲笑される危険がないとは言いません。でも『本当に実現したいこと』を見据えて、その怖さを乗り切ってほしいと思います。

真似されることを恐れない（難易度：★★★★★）

事業計画書を公開したりシステムを解説したりと、いわば手の内まで明かしている状態の未来食堂を見て、真似されないのかと疑問を持たれた方もいるかもしれません。確かに、〝まかない〟を通じて店の内側のノウハウを採り入れることもできますし、おっしゃるとおりです。

しかし、ここまで開示するからこそ私の考えに興味を持つ方や、共感し力を貸してくれる方が現れます。それに私自身は、未来食堂のシステムやしくみが真似されることにまったく異議はありません。

おそらくこうやってオープンにすることに〝ひるみ〟を感じる人は、多くの人に見られてそれをコピーされるのが怖いのだと思います。例えば未来食堂の〝あつらえ〟（おかずがオーダーメイドできるシステム）が近隣の店に、もっと安い値段で真似されたらどうするのか、と。

真似されたとしても、未来食堂には未来食堂自身の価値があります。それはみなさんがやろうと思っている取り組みについても同じ事が言えるはずです。

例えば先ほど例に出した〝あつらえ〟にしても、オーダーメイドという表層だけ真似ても形だけの別物になってしまいます。次章からお話するシステムも一つ一つの真似は可能かもしれません（むしろ、実現に向けてのヒントも併せて載せていますから、真似を推奨しているようなものです）。ですが、未来食堂が打ち出す次に一手を、未来食堂より先に打ち出すことはできません。常に考え続けることによって、新しいもの、未来食堂らしいものを生み出すことは可能なはず。そしてそれこそが価値であり、コピーできる物は表層にすぎないのです。そうやって覚悟を決めないと、オープンには踏み切れないでしょう。

とはいえ、手の内を明かすことで追いつかれやしないか、プレッシャーはあります。でもそのプレッシャーゆえに、どこかで停止することなく、常に次のことを生み出し続けられるのかもしれません。

第2章
懐かしくて新しい、未来食堂のシステム

まかない
とは？
50分のお手伝いで
1食もらえる仕組み
です。
初回の申込は
店頭で。
今度の水曜に
2回目以降はメールかFBでも。
開店から閉店時までの
7枠から希望時間を
選びます。
月 火 水 木 金 土 日
申し込み状況はGoogleカレンダーで公開中
お茶碗はお盆の左側に
はい。
いらっしゃいませ
入れ替わり立ち替わりのときもあれば
一日中居るまかないさんも
おちついたねー
ですねー
なぜ〝まかない〟をしているのか
色々理由があるのだと思います
・料理修行をしたい方
・近隣の会社員の方
一食を自分で食べずにただめし券を貼っていく人もいます。
日本全国、海外からも…。
でも私から聞くことはありません
あっというまだったねー
おつかれさまでした

1 まかない

〈ある日の〝まかない〟体験から〉

いつもより緊張して食べたせいか、何だか今頃満腹になってきた。湯飲みを片手に、店主のせかいさんに声をかける機会を伺う。未来食堂に来てもう何度めかになるが、今日はいつもと違う。今度こそ〝まかない〟の申し込みをすると決めてやってきたのだ。

「まかないに興味があるんですけど」

なかなか本から顔を上げないせかいさんにしびれを切らし小声で話しかける。

「ありがとうございます。日にちは決まっていますか？」

「来週水曜の午前中の枠が空いていればそこで」

「空いていますよ。お名前を教えてもらえますか」

「田島と言います」

「田島さんね。了解です。今まかないカレンダーにお名前書いておきますね。では、未来食堂のサイトにある『まかないガイド』を当日までに読んでおいてくださいね」

あれ？　拍子抜けするほどスムーズに会話が終わってしまった。飲食店勤務の経験は必要ないと未来食堂のサイトには書いてあったけれど、どうもほんとにそのとおりらしい。その種のアルバイトに手を出したことがない自分は断られるかと思ったけれど、大丈夫なようだ。っていうかせかいさん、ほんとに私で大丈夫なんですか。聞けないけれど。

こっそり自分の携帯から未来食堂のサイトを確認してみる。サイト内のカレンダーには、確かに水曜午前枠に、田島さん、と名前が書いてある。なんだかこそばゆい。

「ありがとうございます。よろしくお願いします」

礼を言って未来食堂を後にする。帰る間際に振り返ってみると、やっぱりせかいさんは黙々と本を読んでいた。

＊

いよいよ明日はまかないの日。不安になってもう一度まかないガイドを読み返す。意外と細かいことまで書いてあって、覚えていられるか不安になる。間違えたらどうしよう。でも今更どうにもならない。このガイドを見ていると、まかないの枠にも色んな時間帯があることがよく分かる。私は午前枠だからゴミ出しをしたり配膳の準備をしたりするみたい。できるんかいな。とりあえず今日は早く寝よう。

翌日。

「おはようございます」

「おはようございます。よろしくお願いしますー。そこにバンダナとエプロン置いておいたので付けてください。前髪はしっかり隠してくださいね」

朝の未来食堂は電気が半分消えていて、いかにも開店前といった雰囲気。

急いで準備し、指定されたシューズカバーを履く。ふわふわした歩き心地に戸惑っていると包丁から目を離してせかいさんがこちらを向いた。

「こういうシューズカバーは食品工場とかでしか使わないんですよ。普通の飲食店では見ないですよね。ここはいろんな方がまかないに来るから、厨房を綺麗に保つためにこうやって履いているんですよ」

なるほど。っていうか〝普通の飲食店〟で働いたことないからわからないけれど。


「シンクで手を洗って、麦茶の用意をお願いします」

戸惑う暇もなく指示を与えられ、そこから先はずっとバタバタ。せかいさんはずっとナスを切っている。聞けば、毎日70人分目安で仕込みをしているそうで、確かに量がハンパない。

「それではそろそろ一緒に小鉢を積みましょう」

食材の切りゴミや段ボールなど、朝出たゴミを片づけたところでせかいさんから新たな指示。見ていると、定食で提供する小鉢を詰めたバットを作業台に並べ始めた。無数の小さな豆皿がぎっしり並んでいる。どうやらここにおかずを詰めていくようだ。こんなの私に任せるなんて無謀すぎやしないか。

「この四角い鉢に、そうですね、今日は水菜の煮浸しを置きましょう。こうやって鉢のここの角が一番高くなるよう三角形に盛りつけて、出来た傾斜に高野豆腐を置いていきます」

綺麗にひょいひょいと盛りつけるせかいさん。トングを交代し見よう見まねで挑戦する。せかいさんはまた大鍋をかき混ぜに戻っていった。今日は煮込みハンバーグ。70人分のハンバーグが入った大鍋を小柄なせかいさんがかき混ぜていると、なんだか鍋がよけいに大きく見えて面白い。笑っている余裕はないけれど。

「どうですか、できてますか。そうですね、もうちょっと高さを出して、なるべく鉢の底面のどこかに空き地を作るといいですよ。盛りつけは高低差がある方が綺麗に見えます。底面が見えていると、最も高さの低い位置がキープされている状態なので、あか抜けて見えるんですよ」

なるほど勉強になる。トングの持ち方から教えてもらい再びチャレンジ。黙々と作業をしていると水菜の量がどんどん減っていく。バットの中には3種類9枚ずつ、計27枚の皿が載っている。9人分ということか。これが6バットあるから54人分。ひええ、間に合わないかも。

水菜の煮浸し、高野豆腐、ヨーグルトサラダ、サツマイモの肉味噌和え、こんにゃく山椒煮をおいて小鉢が終了。大変だったけど、1個1個盛りつけのコツがあって、集中しているとあっという間だった。

「10時50分、開店10分前です。田島さん、そろそろ時間ですよね？　おなか減ってますか？」

気がつくともう終わりの時間が近づいていた。

「あ、減ってます」

「了解です。使い終わったバンダナとエプロンは物置の黒い袋に入れておいてください。おつかれさまでした！」

身支度を整えて席に着くと、今日の〝煮込みハンバーグ〟第1号が盆に載ってやってきた。自分が盛りつけた小鉢。なんだかこうやって見るとちゃんとして見える。よかった。

「おつかれさまですー。どうでしたか？」

せかいさんが開店前の最後の調整をしながら声をかけてくる。店内に電気がつく。いつもどおりの未来食堂。

そういえば朝からずっと話らしい話なんて何もしていない。でもなんだか、とっても仲良くなれたような気がした。

「初めてで緊張したけれど、あっという間でした」

むにゃむにゃ答えてご飯を食べるのが精一杯。体を動かした後のご飯はすごくおいしい。

気がつくとお客様も入ってきて、あっという間にお店は賑やかになった。そんな中、少し居心地悪そうに入ってきた人がいた。

「あのー、まかないで来た山田です」

「ありがとうございます。その物置にエプロンとバンダナがあるので着けてくださいね」

なるほど。昼枠のまかないさんだったのか。しかし見ているとエプロンの場所がわからず困っている様子。

「田島さん、ちょっと教えてあげて」

忙しそうなせかいさんからの指示を待つまでもなく、物置に行ってエプロンの場所を教えてあげた。「前髪はきちんと隠すように、とのことですよ」

お礼を言って着替えに行くまかないさんを見ながら、私もそろそろ時間。今日は午前休で、これから仕事なのだ。

「ごちそうさまでした、また来ます」

「こっちこそありがとう。助かった！　行ってらっしゃい！」

手を振るせかいさんに見送られ、あわてて未来食堂を後にした。先ほどのまかないさんはもう店員のようにてきぱきと動いている。

普段は〝鬼のグループ長〟なんて言われて後輩に怖がられることもある自分が、まったくのヒラであたふたしてたなんて、会社のみんなに話したら笑われるだろうか。


気がつくといつもより足早に歩いていた。

最近は忙しくて料理もしていなかったけれど、今日食べた煮込みハンバーグ、家でも作ってみようかな。マヨネーズを入れると柔らかくなるってせかいさんが教えてくれたし。昼枠のまかないさん、ちょっと自信なさそうだったけど、考えてみれば自分も同じか。なんだか話しやすい感じの人だったな。またどこかで会えたらいいな。

次は昼枠で来てみようかな。お客様がいる未来食堂で働くのって、どんな感じなんだろう。


今日は午後から長い会議がある。でもなんだかいつもよりがんばれそうな気がした。

あっという間に神保町駅に到着し改札をくぐる。

不思議な時間だった。でも楽しかったな。

ごちそうさまでした。行ってきます！


いかがでしたか？

２０１６年11月現在、未来食堂は開店して約１年２ヶ月が経ちますが、これまで延べ

400人以上のまかないさんがお店を支えてくれました。これはそんなまかないさんの視点を通して見た、未来食堂のある一日のイメージです。

誰もが店を手伝える〝まかない〟。この、今までにない新しい形がどう回っているのか、何をめざしているのか。つたない説明にはなりますが、少しの間お付き合いいただければ嬉しいです。

〝まかない〟なんて損？

前述のとおり、未来食堂は私、小林が1人で運営しており、従業員はゼロ人。ですが未来食堂には〝まかない〟制度があり、毎日多くの方が一緒に未来食堂を手伝ってくれています。目的は違えど、やる気を持って一生懸命お手伝いしてくださるという意味ではみなさん同じ。まかないさんがいることで、1人では提供に時間がかかりすぎるもの（焼いた後カットするステーキとか）もメニューに出せますし、1人では手が回らない掃除も頻繁に行えます。例えばランプや椅子を毎日拭いたり厨房ダクトを磨いたり。厨房を見て、とっても綺麗にしてますねとお客様に驚かれることも多々ありますが、まかないさんあってのことなのでとてもありがたいですね。

1日最大7枠設定しているので、朝から晩まで立ち替わり色んな人が来てくれることも珍しくありません。来た人と帰る人が教えあってリレーのように〝まかない枠〟が続いていくのを見ていると、子供や孫たちが助けに来てくれるおばあちゃんのような心境になります。ずいぶん恵まれたおばあちゃんです。

でもこの〝まかない〟、50分（ピークタイム時。夕方など空いている時間は2時間）で1食なんて損だと思われる方もいるかもしれません。まずはこのあたりから紐解いてみましょう。

〝300円〟が〝900円〟の価値に変わる

50分のお手伝いで1食。未来食堂は1食900円の定食屋なので、まかないさん（まかないをする人）にとっては時給にして約1000円の価値。都内の飲食店バイトは平均時給1000円程度であることを考えると、妥当な数字ではないでしょうか。しかしこれは金銭で支払われるのではなく、食材による提供です。一般的に飲食店で言われている「原価三割」に照らし合わせて考えてみると、300円弱で1時間手伝ってくれる人がお店に来てくれることになります。お店もまかないさんも得をする、非常に合理的なあり方です。

もちろん、「たかだか1食のために1時間もタダ働きするなんて。学生だったらわかるけど私は遠慮するわ」と思われる社会人の方もいらっしゃるでしょう。ですがまかないさんの実体は8割近くが社会人であり職をお持ちの方です。確かに、1時間働いて1食というのは、普段の仕事と比べるとペイしないかもしれません。しかし例えば、飲食店を開きたい人や料理を学びたい人にとっては密度の濃い50分間となるはずです。実際に、まかないさんを見ていると、純粋に1食を求めて手伝いというよりも、食事以外のところに魅力を感じてやってきている方が大半を占めます。

ではまかないさんたちは何に魅力を感じているのでしょうか。これについてはまた後ほど詳しくお話ししましょう。

お客様でも従業員でもない〝第三の立ち位置〟

〝まかない〟をするための条件は「1度以上お客様として来店していただいた方」。労働の報酬として金銭が発生していないため雇用には該当せず、したがって年齢制限もありません。

まかないさんは、お客様でもあり従業員でもある不思議な立ち位置です。金銭で雇っていない以上、未来食堂とまかないさんの立ち位置は対等。例えばお店側がお客様にとって不都合なことを隠していたとして、それをまかないさんにも同じように黙っておけと強要することはできないわけです。50分が終わるとまかないさんはお客様となります。お客様に隠し事のあるお店では、このようにお客様が自由に厨房に入ってくる運営方法は難しいでしょう。

「50分手伝ってみたけれど、内情知ったらとても食べられない」と思われては大変です。毎日、不特定多数（しかもお客様）が厨房に入ってくるとなると、その緊張感もハンパありませんし、必然的に綺麗にせざるをえません。自分はぐうたらな性格ですが、通常のお店よりもずっと高いレベルで日々の清掃をがんばれるのは、この〝まかない〟というしくみによるところも大きいです。明日のまかないさんを招き入れるために、今日のまかないさんと一緒に床磨きをがんばる。そんな日々を過ごしています。

しかし同時に、まかないさんはお客様に奉仕する立場でもあります。そのため、お客様から見て不快に思われる言動は厳しく禁じますし、安全に動けるようにルールには必ず従ってもらいます。まかないさんの中には、おそらく会社ではそれなりの立場なのだろうと思われる年配の方もいらっしゃいますが、厨房の中で共に動く仲間なのですから、身分は関係ありません。もてなされる側ではなく、未来食堂でもてなす側として精一杯時間を過ごしてもらいます。

通常の飲食店では、従業員（お金をもらう人）とお客様（お金を払う人）の2つの立ち位置しかありません。しかし、未来食堂の〝まかない〟は、この2つの真ん中にあるような新しい立ち位置です。

こんな立ち位置を、奇異に感じられるでしょうか。しかし、働き方がどんどん多様になっている今、飲食店にも新しい働き方が生まれることはごく自然なことだと感じます。それは私の社会人経験も大きいかもしれません。前述のように私は会社員時代、システムエンジニア（SE）として勤務していました。SEは、いわばノートPCがあればどこでも仕事ができる職業。職場に固定席がなく自由な場所で仕事をしたり、在宅勤務も頻繁。また知識を隠さずシェアし、会社の垣根を越えて新しい製品を作り出すことが日常茶飯事でした。そういった新しい働き方に触れていたので、まかないのように新しい形をイメージできたのかもしれません。

新しい〝働き方〟――飲食業での〝クラウドリソース〟

インターネットの世界では、新しい働き方として〝クラウドリソース〟というあり方が注目されています。

［クラウドリソース］：タスクを細分化し1人1人が負担なく働くことで、全体として大きなタスクをこなす作業スタイル。たとえば電話帳のコピーなど単純作業を500人で分担し、1人の作業時間を5分などの短時間にする事で、誰にでも手伝ってもらいやすくする。すると、暇な時にちょっと働けるので、働く側にとっても都合がいい。手軽に参加し

報酬をもらう、新しい働き方のこと。

未来食堂の〝まかない〟はいわば、飲食業界におけるクラウドリソース。タスクを細分化し参加しやすいしくみを作ることで参加する負荷を極力下げ、結果としてたくさんの労力が集まる仕組みです。

飲食店は通常、長い修行が求められる世界です。実際に私も、修行を通じてそんな世界を見てきました。例えば、とある老舗仕出屋では、5年働いたくらいではお弁当にご飯を盛ることもできませんでした。〝まだ早い〟のです。しゃもじを持てるのは店長だけ。こんな風に下働き5年10年が当たり前の世界で、たった50分で戦力になれる〝まかない〟は確かに異例なあり方です。

〝たった50分で価値を生み出す〟ことに躍起になっているのは、修業時代の苦い思い出のせいかもしれません。修行先を探していたある日のこと。これだ！　と思う定食屋に飛び込み、オーナーに直談判したことがあります。「自分で定食屋を開きたいんです。無給でいいから3ヶ月だけ働かせてください」と。でもその答えは、「たった3ヶ月だけだったら教えるほうがしんどいから」というもの。1店だけではありません。何度も何度もそうやって断られました。そのたびに、「やる気のある若者がやってきて無給でもいいから働くといっているのに、その労働力を有効活用できないのは、何か構造的な欠陥があるのではないか」とくやしく思いました。「自分だったら絶対に有効活用してみせるのに。たとえ3ヶ月、いや1ヶ月、1週間、1日、いやいや1時間の参加であっても、プラスになることは絶対できるはずだ。3ヶ月〝しか〟働けないことを理由に断るなんておかしすぎる」。

このくやしい思いが〝まかない〟につながっていったのは言うまでもありません。

「使い物になるか」の判断よりも大切なもの

「理屈はわかるけど、使い物にならない人が来たらどうするの？」と思われる方もいるかもしれませんね。ごもっともです。しかしその指摘には抜けているポイントが1つあります。それは、〝まかない〟は従来のモデルとは異なるということです。

「使い物にならない」とは、アウトプットが支払いに見合わない、ということですよね。通常の飲食店バイトの時給は1000円。対して未来食堂は前述のとおり原価換算だと〝300円〟弱。「あれもこれもしてほしい」と欲を出すのはわからんでもないですが、通常とは異なる存在に対して「使い物にならない」とNGを出すほど期待値をつり上げるのはおかしいと思いませんか？

例えば、耳が聞こえない人が「まかない希望です」とやってきたことがあります（実際は筆談です)。さすがの私も「え! どうしよう…」と思いました。でも、やってもらえることって必ず何か見つかるものです。この時は、箸袋に箸を詰める作業をしていただきました。箸は毎日何十個も減っていくものなので、こうやって助けてもらえると、掛け値なしにありがたいです。

その人ができることをやってもらう。使い物になるのかを判断するのではなく、その人ができる仕事を割り振ることで貢献してもらう。これが〝まかない〟の考え方です。

単純作業も十分助かります。例えば床の掃除を3度するのと1度するのでは、どちらが綺麗になると思いますか? 未来食堂では毎日たくさんの人が厨房の壁や床を磨くため、いつでもピカピカです。例えば天井を拭くなど、普段は手が回らないこともやってもらえます。1度1度のスキルが低くても量を重ねることで目標値に達する。この考え方はまさにクラウドリソースの考え方です。

そうはいっても本当に〝役立たず〟が来たらどうするの?

「そうはいっても本当に使い物にならない人が来たらどうするの?」とよく聞かれます。皆さん半信半疑なんでしょうね。まず言っておきたいのは、明らかに不真面目な方や清潔感のない方はお断りすることもあります(過去に「おまえがやるならおれもやるよ」「なんだよそれ～聞いてねえし～」といった小突き合いふざけながらの2人組の申し込みを断ったことが1度だけあります)。でも、それ以外に断ったことはありません。というのも、役に立たない人の方が驚かされることが多く、結果的に学ぶことも多いからです。

〝役に立たない〟というのは具体的にどういったことでしょうか。例えば過去、「お味噌汁は鍋をかき回してからついでね」という指示に、5分間以上も鍋をかき回し続けている人がいました。ふと目をやるとまだ鍋の前にいるのです。「出すときだけかき回せばいいから」とアドバイスするも、思わず「何やってんだ」と心中うんざりしました。他にもため息がでることばかり。飲食店が初めてというよりも接客業が初めてで緊張していたのでしょう。でも、しばらくして気づいたのですが、その人はお釣りの渡し方と言い方がとても丁寧でした。100円玉と50円玉を別々に渡したり、わかりやすいように数えながらお客様にお出ししていました。

そういった「気づかされること」が、不思議なもので、どんなまかないさんでも必ず1つあります。ついつい効率化に目が行きがちな私が初心に戻れるきっかけにもなり、50分間の「あ～。こんなのだったら1人のほうがマシ…」から始まり「!」がある一連の流れは、本当に何回繰り返しても不思議です。大げさに聞こえるかもしれませんが、何か大きな存在が遣わしてくれた使者のような、そんな気持ちを抱いて接しています。

もちろん、そういった「初心者がやりがちなミス」をまとめガイド化することで再発防止を防ぐことは大切です。ですがそれ以上に、精神的なところで教えてもらうことが多いように思います。

マニュアルがないほうが属人性が低くなる

通常は接客マナーなど最低限のマニュアルを読んでから〝まかない〟に参加してもらうのですが、マニュアルが存在しない時間帯が1つだけあります。

それは夜枠。いわゆる閉店後の片づけです。閉店後はゴミ捨てやテーブル拭きなど決められたルーティン・タスクはありますが、それが終わるとまかないさんに布巾を渡して「気になるところをこの布巾と洗剤を使って拭き掃除してください」とお願いしています。そうすると、まかないさんによって気になるところは様々ですから、私が気づかないいろんなところが綺麗になっていきます。調味料入れを拭く人、壁を拭く人、床や照明を拭く方もいます。もし私がマニュアルを作り、〇〇とXXを掃除して下さいとやっていたのなら、その〇〇とXXは綺麗になりますが、他のところに汚れがたまっていきます。個々人が気になるところを自分なりに掃除することで、結果的に掃除のアラがなくなり、属人性が低くなっていくのです。

マニュアルがないほうが属人性が低くなるという、一見矛盾した事実に気づいたのは、修業時代のことでした。いろんな厨房で掃除をしていたのですが、例えばコンロの正面はピカピカなのに、横面においてある作業台は油のつららが出来るほど手つかずのまま放置されているといったことがよくあります。これは、職場の先輩たちが「コンロを磨くように」とは指示を出しますが、作業台については指示を出さないことが原因です。指示された内容だけ繰り返す結果、汚れがたまるところとそうでない所の差が著しくなっていったのです。

先ほどルーティン・タスクとしてテーブル拭きを挙げましたが、実はこれも細かく指示をすることはありません。そうすると、テーブルの上にある調味料をずらしてその下まで拭く人も、調味料は触らずにささっと拭き終わる人も現れます。

一見すると前者の方が丁寧なので、そう指示を出したほうが良いのではと思われるかもしれませんが、後者の方がすぐに拭き終わります。つまり、残りの時間を別のタスクに割り当てることが出来るのです。もちろんずっと拭かないままだと困りますが、面白いもので、漏れなく拭く人とちゃっちゃと拭く人は大体半々くらい。ここにも、いろんな人が加わることで結果的に属人性が抜ける一例を見ることができます。

まかないに参加する人たち
——飲食未経験はもちろん、中学生も

「どんな人が〝まかない〟をしているんですか？」とは、実際によくある質問です。会社帰りのサラリーマンや近所の大学生、未来食堂のファンの方や新しいビジネスの種を探している人、未来食堂で宣伝したい人、飲食店を開業したくて修行している人など、いろんな方がいます。会社帰りに〝まかない〟をする人たちはある種、前述のクラウドリソース的なあり方ですね。会社帰りの隙間時間を利用してちょっと体を動かし、その分翌日のランチ代が浮くわけです（まかないの〝1食〟はチケットとして持って帰ることもできるのです）。

「お昼に食べたハンバーグ、おいしかったです」
「それは良かった！　来週は何を食べたいですか？」

なんて話しながら作業をこなします。お昼はお客様でも夜は仲間なのです。

余談ですが、夜の片づけをしている背広のまかないさん同士が、違う会社の人達なのにまるで同僚のように意気投合してモップをかけたりするのは、ちょっと面白い光景です。

男女比は半々といったところ。神保町という男性が多いビジネス街なので、会社帰りのまかないさんは8割方男性といったところですが、調理を学びに来るまかないさんは女性の方が多く、トータルでは半々くらい。やたらムキムキな男性が来た場合は天井拭きなど体力のいる作業を、料理を学びたい主婦の方には料理を中心に作業してもらうなどケース・バイ・ケースでタスクを割り振ります。一緒にまかないをしたまかないさん同士が仲良くなるケースもたくさんあり、例えば開業を志す仲間が計画を発表しあったり、近所の会社員の方たちが仲良くなったり。

ちなみに第2土曜日の夜は〝まかないさんありがとうの日〟を開き、今まで1度以上まかないに来たことのある方なら誰でも500円でおなかいっぱい食べられる日としています。まかないさんの中には、自分以外のまかないさんと会ってみたい人も多く、普段は接することのないまかないさんが一堂に会する機会になればと〝まかないさんありがとうの日〟を作っています。初対面でもまかないさんたちはすぐに意気投合するケースが多いですね。楽しい共通体験があるから距離を縮めやすいのかもしれません。

大学生のまかないさんたちがゼミの話で盛り上がったり、お店を開きたいと事業計画書を持ち込んだまかないさんが、他のまかないさんやお客様に計画書をレビューしてもらったこともありましたっけ。実際にどんな話で盛り上がっているのか、厨房の中にいる私は実はあまりよくわかっていないのですが、決して出会うことがないだろう人達が出会い、わいわいと楽しそうにしているのを見ると嬉しくなります。

年齢も様々。中学生から60代の方までいらっしゃいます。中高生の方からは特に「こんなに充実した時間は初めてでした！」と言われることも何度かあり、こちらとしてもありがたいかぎりです。中学生のまかないさんもいますと言うと驚かれることも多いのですが、一生懸命がんばっていれば年齢は関係ありません。

「食品にさわるのはNG」
――厳しい反面、衛生検査に通ればNGなし

不特定多数が厨房に入る〝まかない〟のあり方を疑問視される方もいるかもしれません。もちろん飲食店の責務は衛生的であること。不特定多数が参加することによりお客様に不信感を与えてしまっては、元も子もありません。

安全を保証するためのルールはいろいろありますが、例えばまかないさんが食品にさわることはNG。従って包丁を持つこともできません。

ですが、保健所にて衛生検査（検便）を受け、病原菌などを保持していないことが証明できると、調理もできます。

「あなたはまかないさんだから単純作業しかしてはいけません」と、やれることを奪うのではなく、お客様に対して守るべきことを守っていれば対等に扱います。将来飲食店をやりたい方や、自分で飲食店をやっている方は、衛生検査を受ける方が多いですね。遠方の方は事前に、お住まいの保健所で受けてくるケースもあります。

他のまかないさんが自分のレシピで小鉢作りにチャレンジしているのを見て、自分もやってみたいと衛生検査を受け調理の修行をしている方もいます。ちなみに外国から来られるま

かないさんの場合、衛生検査に該当する検査が自国にない場合もあり、日本に来てから検査をお願いしています。

「衛生検査を受けてきた」と、揚々と結果書を掲げて来たある日のまかないさんに、ゴーヤを25本分切ってもらったことも（その日のメニューはゴーヤチャンプルー定食でした）。最後の方には「ゴーヤの夢を見そう」なんて言っていましたっけ。

飲食店開業をめざして国内外から

料理に関しては、お客様が召し上がるものなので何でもOKサインを出すわけではありませんが、腕を磨きたいまかないさんにはどんどんチャレンジの場を提供しているので、国内外から多くのまかないさんが集まるようになりました。パリ、ロサンゼルス、岩手、大阪、京都、博多、沖縄。多くのまかないさんが未来食堂で料理の基本を学んでいます。

フランスから来たまかないさんは和食を覚えたいということだったので、まかないに入る日の献立を肉じゃが、唐揚げ、焼鮭にして、オーソドックスな和食を一緒に作りました。「生姜焼きの作り方が知りたい」とカタコトの日本語で言うまかないさんに、別のまかないさんが材料を買ってきて教えてあげていました。「お礼に何か作ります」と言ってくれ、聞くとクリームブリュレが得意とのこと。ですがクリームも耐熱皿もなく、残念ながら叶いませんでした。今度まかないに来てくれるときは事前に発注しておこうと思います。

自作レシピで２００人分にチャレンジ

まかないを通じていろんな人が腕を上げ、世の中全体が良くなれば、素晴らしいことです。では具体的に、まかないさんはどんなチャレンジをしているのでしょうか？

例えば料理の仕込み。未来食堂は１日の来店数を70人と見積もっています。定食は小さめの小鉢が３つ付くスタイルですが、野菜の切り込みや味の決め方など基本的な技術を習得したまかないさんはまず、この小鉢を作ります。１つ１つの小鉢は小さくても、70人分、３日分となると２００人分を作る必要があるため、普段の料理とは違う特殊な技術が必要となります。調味料１つとってみても、通常の70倍量というとピンときません。毎日メニューの変わる未来食堂では、レシピ化や材料の計量はしておらず、したがってすべて目分量なのですが、だいたいのまかないさんが味付けでまずは苦労します。しょっぱすぎたり甘すぎたり。

オーソドックスな総菜がある程度作れるようになれば、自作レシピにもチャレンジします。自分の郷土料理をお披露目したり、お菓子作りが得意なまかないさんは、食後のお菓子を自作してみたり。福島出身のまかないさんが、郷土料理だという〝人参の松前漬け〟を作ってくれましたが、とてもおいしいとお客様にも好評でした。もっとも、一番最初に作った時は水分量を誤り、コチコチの〝人参の松前漬け〟が出来てしまいましたが(笑)。

いつかのために、未来食堂で失敗しておく

いつか自分の店を出したいまかないさんにとっては、自分のお店で出す前に未来食堂で失敗できるというメリットがあります。

「失敗だと?! 未来食堂は素人が作った失敗作をお客様に出しているのか?」と気を悪くした方もいるかもしれませんね。もちろんそれは誤解です。失敗しそうな時は事前にアドバイスし軌道修正も行います。しかし、失敗することで学ぶこともあります。たとえば卵焼き。未来食堂の卵焼きは銅の卵焼き器を使って焼くのですが、これが業務用サイズでとても重い。初めてのまかないさんはみんな焦がしてしまいます。なので卵を多く発注して、何回かチャレンジしてもらいます。未来食堂で失敗を重ねることで、自分のお店では綺麗な卵焼きを出せるようにするためです。

ちなみに焦げた卵焼きは仕込みが終わった後、まかないさんたちと私で分け合って食べています。くやしそうなまかないさん。でも何度もチャレンジするうちに少しずつ上達していきます。

ハンバーグの形が崩れた場合は、小さくして小鉢にしたり、煮込んでスープにしたり。毎

日日替わりでメニューが決まっていないため、失敗してもうまく活用し無駄がないよう心がけています。そんなアイデア自体もまた、まかないさんにとって貴重なヒントになっています。

「崩れた卵焼き、こうやってサラダに載せてトマトソースをかけてパセリをふれば、おしゃれな小鉢になるんですね！」と感心してくれたまかないさんもいましたっけ。

お弁当屋開業をめざすまかないさんの場合

あるまかないさんは、高幡不動の自宅でお弁当屋開業を目指し、毎週修行に来ていました。6月のある日のこと。「来年頭にはお弁当屋を始める予定です」との計画を打ち明けてくれました。あと半年。日もありません。

「だったら、お弁当定食を出しましょう。ここで、作りたいお弁当を作ってください。未来食堂の一食は約850円なので、出したいお弁当が500円なら、350円分は別盛りの総菜などを使って価格に見合うよう調整します。未来食堂に合わせるのではなくて、自分が自分の店で出したいものをイメージしてお弁当を作ってください」

少し緊張顔のまかないさんに日程を確認し、3週間後に設定。他のまかないさんもこのお弁当定食の計画を聞き、応援に入ると言ってくれました。

野菜の切り方や原価のバランスを見ながら試作を4、5回繰り返すまかないさん。送ってくれる写真はどれもおいしそうです。当日、開店前にカウンターの上にお弁当箱をずらりと並べ、1つずつ総菜を詰めていきます。想像以上に詰める作業に時間がかかるとまかないさんも学んだ様子。実は私は、弁当屋での修行経験があり、詰めるのに時間がかかることは知っていたのですが、あえて言わずに、その大変さを体験してもらおうとたくらんでいたのです（幸か不幸かたくらみどおりとなり開店直前まで大わらわでしたが…笑）。

メニューと共に「来年、自宅を改装してお弁当屋を始めます」の挨拶文をカウンターに貼りお客様に告知も。「友達が近くに住んでるから紹介しておく」と言ってくださったお客様や、手作りでおいしいお弁当だとほめてくださったお客様。まかないさんは接客をこなしながら、お客様からのほめ言葉を頂戴していたようです（私は後ろの方で揚げ物や洗い物で手一杯だったので詳しくはわかりませんでしたが）。月1で開催予定のこのお弁当定食は、まかないさんにとってプレッシャーだとは思いますが、大きな自信になることは間違いなさそうです。

まかないさんの知恵で店も進化する

未来食堂は「この店の流儀に従ってもらう」といった働き方ではなく、最低限のルールだけ守ってもらい、あとは各自工夫を凝らすという働き方が基本。そうやっていろんなまかないさんが未来食堂でチャレンジすることにより、未来食堂にもノウハウがたまりお店としてどんどん進化していきます。例えば、開店当初の私はグリルを使うことに慣れていなかったのですが、イタリアンレストランで働くまかないさんや、グリルを普段使いしている海外在住のまかないさんに教えられ、ずいぶんとグリルを使うことが増えました。

ハンバーグの焼き付けをフライパンでなくグリルで行うと、短時間で一気に焼けるし焦げ付かないので肉汁をソースに使えます。専門的な知恵ばかりでなく、食器の仕舞い方など、初見のまかないさんゆえにパッと思いつくアイデアも大変貴重です。いろんな知恵が店にたまり、ひいてはお客様の喜びにもつながります。まかないさんと同じくらい、むしろそれよりも、日々学んでいるのは私かもしれません。

まかないさんを引き止めない理由

従業員が毎日替わる、ともすればアヤシい店ですが、特に動揺するお客様はいらっしゃいません（ランチで利用する近隣の方などは、〝まかない〟のことを知らずに普通のアルバイトが働いていると思っている方も多いことでしょう）。

飲食店開業のまかないさんに対して私が特に気をつけているのが「引き止めない」こと。やる気があり技術もたまっていくまかないさんを手放すのは、正直言って惜しいです。寂しいです。でも私が開業前に様々な飲食店で働いていた時、一番難しいと感じていたのはまさにこの〝辞める〟こと。人材不足な飲食業界。自分なりの目標を達成し、辞めると切り出したときはいつも引き留められました。

「自分でお店を出すんだったらこの店で一番になってから辞めるべきだ」。いつもこう言って引き留められましたが、私がまかないさんにそう言うことは絶対にありません。そういう引き留め方は非常にずるい。「お店を持つ」という目標を「この店で一番になる」という目標にすり替えているからです。未来食堂という小さな世界では、私が一番できる人間です。でもそれはこの店を作った人なのだから当然の話。その私から見た尺度でまかないさんを測るのは失礼だと思っています。調理の手つきなどおぼつかないまま開業に向かう、少し心配なまかないさんもいますが、それはそういうものとして引き止めたりすることはありません。

小さな山で一等賞を取る必要はありません。まかないさんたちは自分の持つもっと大きな山に向かって、精一杯チャレンジしてほしいと思っています。

「どんな人が来ているの？」実はよく知りません

と、これまでいろいろお話してきましたが実は、〝まかない〟にどんな人が来ているか、細かいところはよく知りません。「どうしてまかないに来たの？」「普段は何してるの？」「平日のこんな時間に来れるなんて今日は休み？」と私が聞くことはありません。

実は〝まかない〟は、金銭的に苦しい人を受け入れることが真の狙い。困っている時や辛い時は、人に言いたくない事もあるものです。無理に何かを話さなくてもいいんです。ただがんばってくれるだけでいい。そうやって温かいご飯を食べてほしい。まかない申し込みの対応含めて私が淡々としているのは、こんな思いが背後に隠れているからです。

人手が欲しい時間にまかないさんが来ているわけですから当然仕事は山積みで、必然的に会話をする時間はありませんが、ふと手が空いたときにまかないさんが「実は私も昔飲食店をやっていたんですよ」なんてぽつりぽつりと自分のことを話してくれることもあります。淡々と聞くだけの自分ですが、そうやって話してくれていることは、聞き漏らしたくないなと思います。

お客様との縁を切りたくない

〝まかない〟はお客様と縁を切らないために用意した最後の手段です。もうだめだと思ったり、追いつめられたりしたときは未来食堂のことを思い出してほしい。社会からこぼれ落ちそうになったときの、最後のセーフティネットでありたい。

「未来食堂に行けばなんとかなる」。〝まかない〟は、あなたにそう思ってもらうために作ったしくみです。

確かにあらゆる人のセーフティネットになることは不可能です。でも、一度でもお店に来てくれたお客様が、〝おなか減ったなあ…手持ちの金も尽きた〟という状況になったとしたら、どうでしょう。

「なんかわかんないけど、とりあえずこっち来てごはん食べい！」と言いたくなりませんか。あの頃はおいしいごはんを食べれたけれど、もうお金がなくて行けないな…。そう思うお客様がいたとしたら、それは本当に辛いことです。

幸いなことに、今〝まかない〟に来ている人でこういったケースは見受けられないように感じます。喜ばしいことです。セーフティネットは、使われないことが一番嬉しいことなのですから。

ただし、本当に事情を抱えた人がいなかったのかは、わかりません。自分が苦しい状況にあることを進んで口にする人ばかりではないでしょう。普通に見えた学生・会社員の方にも、苦しかった人がいたのかもしれない。それはわかりません。わからなくても良いことです。言いたくないことを無理に言う必要はないのですから。

笑われながら考えた、「お金がない人でも来れるようにしたい」

未来食堂のコンセプトは「誰もが受け入れられ、誰もがふさわしい場所」。とはいえ、そう考えたとき一番難しかったのが、「お金がない人」をどう受け入れたらいいのかということでした。

ビジネスなんだからお金がない人のことまで考える必要なんてないでしょ、と諭されれば、そのとおりです。実際、たくさんの人に笑われました。「ビジネスはターゲットを絞るのが大事なのに、〝誰もが受け入れられる場所〟なんてありえない。もうちょっとターゲットを絞らないとダメだよ」と。

でもそれは違う。確かにビジネスを考えると正解ではないけれども、その目線を捨ててしまうと、とたんに未来食堂は未来食堂でなくなってしまう。でも、どうすればいいんだろう。私はずっと考え続けました。

そしてある時気がついたのです。「救うこと自体をシステム化し運営に組み込めばいい」と。この気づきが〝まかない〟を生み出すきっかけになりました。

まかないは人件費を浮かす為の合理的なシステムだと思われがちです。しかし、私の思いは決してそれだけではありません。むしろ誰でも参加できるようにした結果、人件費が浮いているだけの話。確かに利益は出ます。でも、ただ利益を出したいだけであれば割に合わないことでしょう。新しい試みは得てして試行錯誤が求められるからです。

まかないさんが受け継ぐＤＮＡ
――チェーン展開ではない、未来食堂の進化の形

飲食店開業のための修行として来ているまかないさんは、いつの日か巣立っていきます。その日に向けてのノウハウ提供を惜しんだことはありません。事業計画や図面のレビュー、試作、業者巡り。日帰りで岩手に赴きオペレーション提案もしましたっけ。「なんでたったちょっと手伝っただけの人にそこまでするんですか？」と驚かれることもありますが、たとえ50分だけの仲間だったとしても、やはりその人には成功してほしい。放っておくことはできません。

未来食堂は、ノウハウを秘伝にすることでの2号店出店やチェーン展開を目指していません。儲けを考えると愚かしいかもしれません。でも、目先の儲けよりももっと大切なことがあります。それは、こうやってノウハウを公開することで飲食業界全体が良くなること。そして、最も大切なことは、未来食堂のＤＮＡが受け継がれることです。

まかないさんに「自分の店でも〝まかない〟をやろうと思っているんです」と言われた時は、嬉しかったですね。「自分がこうやって〝まかない〟で学ぶことができたし、何より皆で一緒にやったら楽しいから」と話してくれました。そうやって自然に〝まかない〟のあり方が伝わっていくことのはとてもありがたいことです。

まかないさんたちはいろんなものを継いでいきます。ノウハウはもちろん、〝まかない〟や〝あつらえ〟などの各システムも。でも何よりも私が継いでほしいと願うのは、〝人を受け入れる姿勢〟です。

「まかないをやってみたいんですけど」から始まる、一期一会の関係。素人だろうが何だろうが引き受けるあり方。前述したとおり、大変なこともあります。でも、それでもその人を受け入れる。まかないさんは、私のその姿勢をまさに一番近くで見ている人にほかなりません。

〝まかない〟で店を運営するのは現実的には大変なことです。でも、未来食堂で〝まかない〟を体験した人が自分のお店を持ったとき、その店に〝まかない〟制度がなくても、いつか店に困った誰かがやって来たとき無下に追い返す可能性は、きっと低いと信じています。

これは飲食店開業志望のまかないさんに限ったことではありません。会社員だって学生だって〝人を受け入れる〟姿勢は、きっとその人の行動を変えていくでしょう。

〝まかない〟は最後のセーフティネットだとお話ししました。〝人を受け入れる〟セーフティーネットが色んな場所に広がったら。それに勝る喜びはありません。

そんな未来に近づくために、私は今日も「はじめまして」を繰り返します。

〈まかない〉の超・合理的ポイント

参加可能枠を明示する（難易度：★）

まかない希望者が特定の時間帯にあふれかえってはかえってコントロールが難しくなります。予約表を作り空き枠に申し込んでもらう形にしましょう。過度な問い合わせを避けるためにも予約表は公開できる形がベスト。未来食堂のまかないカレンダーはＧｏｏｇｌｅカレンダーを利用しており、誰でも閲覧可能です。

ちなみに「1週間通いで〝まかない〟をしたい」等の遠方の希望者が現れた場合は、予約表に特別枠を作るなど柔軟に対応しています。

事前にタスクを文書化しておく（難易度：★★）

事前にガイドを配布し目を通してもらうことで、短時間でも戦力になってもらえます。以下の内容は必須です。

○接客ルール

店の顔ともなるまかないさんですから、お客様に失礼な言動があってはいけません。NG項目だけでなく、「お店が大切にしていること」も記載しましょう。例えば未来食堂のまかないガイドでは「私（オーナー）のことは〝みらいさん〟か〝せかいさん〟と呼んでください。厨房の中ではお客様に等しく仕える身ですから、〝店長〟などと身分を付けあうことに意味はありません」と記載しています。ガイドに書くと人は守ってくれます。逆に言うと、書かないとビックリするようなことが抜け落ちたりもします。お店の世界観は曖昧なもの。大切にしているものは何なのかをきちんと言語化し共有しておきましょう。

○50分間の作業イメージ

何をしてもらうのか事前にイメージを共有しましょう。未来食堂の場合は朝から晩まで合計7枠時間帯があるため、各時間帯で行う主なことを一覧で説明しています。「昼枠：主に皿洗い、客席清掃、買い出しをしてもらいます」など事前にガイドで説明し、まかないさんがスムーズに動けるよう計らいましょう。

○物の位置

どこに何があるかをだいたい説明しましょう。ただし、紙面で完璧に覚えるのは無理な話なので、だいたいの位置を説明するにとどめましょう。

ちなみに未来食堂のまかないガイドはインターネット上で公開されています。詳細は「未来食堂　まかない」で検索ください。

ぱっと見でわかるツールを揃える（難易度：★★★）

初めての方がたくさん参加されるのですから、整理整頓してどこに何があるかをわかりやすくすることは大切です。しかし、説明しやすいように種類を限定することは、むしろ整理整頓以上に重要です。例えば未来食堂では、ボウルのサイズは大中小の3つしかありません。細かくサイズを刻んでしまうと「中サイズのボウルをとって」と指示できなくなるからです。色分けも有効です。

実際に、消毒用アルコールと洗剤がどちらも無色であったため、取り違いをしたケースがありました。それからすぐに、多少高くても洗剤はオレンジ色の物を使うようにしました。決して『間違えたAさんのせい』と考えてはいけません。そのような属人性を省いて誰にでも間違いなく使えることが大事なのです。

他にもありがちなのが「×××って書いてあるけれど本当は△△△だから」というような、入れ物と中身が異なるケース。これは、初見の人が多い環境では非常に危険です。口頭でしか伝達できないし、伝達していなかったリスクや、とっさの判断で間違えたりといったリスクがあるからです。ケースと中身が同じになるよう、高く付いても必要であればすぐにケースを買い換えます。

個々人のやりたいことを尊重する（難易度：★★★★）

〝まかない〟のように正規労働よりも安い働き方は他にもあります。例えばインターンを例に考えてみると、インターンは就職に有利だといったメリットがありますが、〝まかない〟にはそういったメリットは何もありません。〝まかない〟それ自体にいかにメリットを感じてくれるかがすべてなのです。ですから、まかないさんが何を求めて〝まかない〟に来ているのか、それを50分の間に見抜き提供することが必要です。得た物があって満足したまかないさんは、再び〝まかない〟を申し込んでくれるでしょう。こちらとしても、勝手がわかっている再まかないさんは戦力となる貴重な存在です。

未来食堂では始めに「今日やってみたいことはありますか？」と聞いて、なるべくそれに近いことを割り振っています。例えば過去には、盛りつけ、接客、料理がやってみたいなどの声がありました。人とのコミュニケーションを求めている人、飲食店を開きたい人、料理が学びたい人、明確に発せられることはなくても何となく察知し、求める物を提供します。

「そんな風にやりたいことをやらせておいて、ヘマをしたらどうするんだ」と思われるかもしれません。大事なことは、まかないさんたちがヘマをしてしまっても、絶対に呆れたり軽んじたりしないことです。もしまかないさんがヘマをしてお客様から叱られたとします。それはまかないさんが叱られるべきなのではなく、トップのあなたが叱られるべきなのです。〝まかない〟というスタイルを選んだのはあなたです。責任も自分で引き受ける覚悟が必要です。まかないさんは、やる気を持って50分間店内に飛び込んできてくれます。それだけで十分なのです。「あいつはダメな奴だ」ではなく、たとえばツールの見直しや、ガイドにそのミスを記載することによって以降のミス発生を防ぎましょう。属人性を除くことが大切です。

まかないさんは使い捨てできる便利な人材ではありません。そんな考え方だと申し込む人は誰もいなくなるでしょう。未来食堂では「もう一度まかないに来てくれるか」を最も重視しています。

当てにしながら、当てにしない（難易度：★★★★★）

〝まかない〟は申し込む人があって初めて確保できる力です。決められた時間に○○人が必要、という業態であれば〝まかない〟ではなく通常の雇用契約が必要でしょう。まかないさんを受け入れるためには、まかないさんがゼロ人でも回る土台を作ることが求められます。矛盾しているようですがここが大切なポイントです。あくまで〝余剰〟の力を余らせることなくどう活用するか。例えば未来食堂では、私1人だと仕込みが5時間かかりますが、まかないさんがいると3時間で終わります。このように、1人でもできるけれどまかないさんがいると楽になる、程度で〝まかない〟を組み込む必要があります。

一期一会のコミュニケーションに慣れる（難易度：★★★★★）

毎日毎日知らない人が自分のテリトリーに入ってくるのは、ストレスがたまることです。仕込みなど忙しい最中に、「〇〇はどこですか」「次は何をすればいいですか」といちいち聞かれると、「一人で気楽にやっていた方がマシだ」と思うこともあるかもしれません。実際私も何度もそう思いました。でもそこが踏ん張りどころ。なんのために〝まかない〟を始めたのか、もう一度胸に手を当てて考えてみましょう。未来食堂の場合は「誰もが受け入れられ、誰もがふさわしい場所」を作るため。少なくとも一度はお店に来てくれた人と縁を切らないため。自分のストレスどうこうで〝まかない〟を廃止するわけにはいかないのです。

工夫次第で乗り切れることもあります。例えば未来食堂では、手が空いたときにやってもらいたい仕事をストックしておくことで、何度も徒にコミュニケーションをするストレスを下げました。うまく動いてもらえれば戦力になるはずなのですから、活用できないと嘆くのはお門違いです。

毎日新しい人がいる現場は、言ってみれば毎日ゼロスタートみたいなもの。「またかよ〜」と思うこともあります。でも、〝まかない〟を通して実現したいことがあるのであれば、簡単に諦めないでください。迷ったときは〝やる〟方向で考えてください。少し先を歩いている私も、応援しています。

ただめし
とは？
お店の入り口にある
ふせんをはがして
会計の時に渡すと
入口
ここに貼ってあります
9/3
たべてね
日付とメッセージが書かれています。
1食無料になります！
それってお店が損しませんか？
定食900円
これ使えますか？
会計の時に出して下さい
10/10
ごちそうさま。
券の裏には使った人が
日付を書きます。
メッセージは、ご自由に。
実はこの"ただめし券"は
"まかない"をした方が自分は食べず
に置いて行った、1食なのです。
おつかれさまです
※まかないについては
前頁を参照ください
貼る人
ぺた
ペリ…
剥がす人
意外と使われているんだなー
使われた券は、ファイルに綴られて、
店内で掲示しています。

2 ただめし

〝ただめし〟は読んで字のごとく「誰でも1食無料になる」システムです。

入り口壁に、〝ただめし券〟を貼っています。誰でも使えます。困ったときは使ってください。

未来食堂には、50分のお手伝いで1食もらえる〝まかない〟制度があります。〝ただめし券〟は、〝まかない〟をした誰かが、自分が食べる代わりに置いていった1食です。


……と説明しても、「1食無料になるなんてどういうこと?」と驚いて納得するどころではないかもしれませんね。一緒に詳しく見ていきましょう。

〝ただめし〟のはじまり

〝ただめし〟は開店当初から考えていたシステムではありません。開店から3ヶ月ほど経った時、お客様から〈子ども食堂〉という活動を聞いたことがキッカケでした。〈子ども食堂〉とは、子どもの貧困化に取り組んでいる民間ネットワークの総称で、貧しい家の子どもであれば無料で食事を食べられるイベントを開いて、２０１２年頃から全国で広がりをみせていました。

未来食堂のコンセプト「誰もが受け入れられ、誰もがふさわしい場所」の、〝誰もが〟には当然子どもも入っているので、子どもを受け入れる〈子ども食堂〉は未来食堂のコンセプトにも調和しそうだと思いました。「未来食堂で〈子ども食堂〉をやってもいいかも」。まずはその思いつきからスタートしました。

ですが、そもそも〝子ども〟に限定せずとも必要な人に届けば良いこと。千代田区一ツ橋というオフィス街の立地では如何せん子どもがいないことなどから、徐々に〈子ども食堂〉という枠を離れ、「誰でも食べられる」方向に思考の軸がシフトしていきました。

と同時に、この頃から先述の〝まかない〟を、自分で食べずに知り合いに贈る人がちらほら出てきました。「この1食をこの場で自分で食べることもできるけれど、誰かにあげることもできるよ？」と試しに聞くと、面白いもので、「だったら友達にあげたい」というまかないさんが結構いたのです。その姿を見るたびに、まかないをプレゼントできるしくみを作りたいとずっと考えていました。

そんなある日、海外のとあるピザ屋さんがピザ1切れを1ドルで販売しており、数ドル多く支払ったお客様がいた場合、その余剰分を券として壁に貼りだし、剥がした人は1切れ無料になるというしくみを作っていることをインターネットを通じて知りました。この形をヒントにして、〝ただめし〟が生まれたのです。

誰が貼ってるの？　剥がしてるの？

「このただめし券、ほんとに使う人いるんですか？」とは、よく聞かれる質問です。実際のところ、結構いるなというのが私の実感。週に3人くらいでしょうか。だいたい1週間に約300人が訪れますから、全体の1％くらいが〝ただめし〟を使っていることになりますね。

「どんな人が使っているんですか？」ともよく聞かれますが、使うにあたってこちらから何かを聞くようなことはないので、わかりません。ただ、本当に困っている人（例えば洋服がぼろぼろの浮浪者然とした人）が使っているということは今までありませんでした。普通の会社員や学生の方が使っているような感じがあります。

常連さんが、「今週はすごく厳しいので」と使われるパターンもあります。その後は普通のお客様として来店されたり。どうしてもただめし券が使いたいのか、使った後のメッセージとして『今度は〝まかない〟をして券を貼ります』と書く方も結構いらっしゃいます。ただ、そういった方が〝まかない〟に来られたことはまだありません（私が把握していないだけかもしれませんが、少なくともまかないさんからそういった自己申告があったことはありません)。推測ですが、ただめし券を使ってみたいと、それを目的に来店される方はきっとわざわざ遠くから来られる方なのでしょう。ですので、『いつかは〝まかない〟で恩返ししたいな』と思ってはいるもののまだ来店のタイミングに恵まれていないのかもしれません。「どんな人が貼っているんですか?」ともよく聞かれます。大きく2パターンに分かれる印象がありますね。

①ただめし券を貼るために〝まかない〟に来ている方

「誰かのためにちょっといいことしてみたい」というモチベーションの方。特に〝ただめし〟がメディアで大きく取り上げられるとちらほら現れます。もちろんこちらとしては大歓迎。ありがたいかぎりです。

ちなみに、ただめし券を貼ったために自分は食べられず腹ぺこで帰る……ということはありません。ただめし券を貼った場合も、簡単な食事は用意しています。腹ぺこで未来食堂から帰したくないし、善い行いにはこちらも感謝の気持ちで応えたいですから。

②食べきれない〝まかない〟を置いていく方

飲食店開業志望の方に多いパターンです。飲食店開業を志す彼らは、朝から晩まで〝まかない〟をすることも多く、そうなると1日7食分の〝まかない〟をもらえることになり、とても自分1人では食べきれません。また彼らは修行のために頻繁に〝まかない〟をするため、まかない券があふれかえってしまうのです。そんなまかないさんが壁に貼って帰る、というパターンですね。

その他、団体で来たお客様達が閉店間際に皆で掃除を手伝い、記念に連名で〝ただめし券〟を貼っていく、なんて光景もよくあります。その時間にまかないさんがいない場合の特別枠ですけどね。

こんな感じでいろんな方が貼っていき、だいたい10枚~15枚くらいが常時壁にストックされています。ちなみに〝ただめし〟は、メディアでも取り上げられ有名になったため、初めて来られるお客様は必ず写真に撮る、ある種の観光スポットのような感じにもなっています。

毎日使う人がいたらどうするの？　人が人を救う難しさ

日本で〝誰かが1品無料になるシステム〟があるのは、私が知るかぎり未来食堂の他に、都内に1店（世田谷区の珈琲店〈こはぜ珈琲〉）、北海道に1店（帯広のそば屋〈結〉）があるだけ（2016年現在）。そしてそれらには未来食堂と異なる特色があります。

〈こはぜ珈琲〉ではドリンク1杯ごとにポイントがたまり、12ポイントたまるとそのポイントカードが〝恩送りカード〟になるしくみ。それを壁に貼って誰かにプレゼントできるというわけです。また券には「初めて下北沢に来た人」などの条件を書き、その条件に当てはまっている人が使うことができます。「一定以上来店すれば誰にでもプレゼント権が発生する」「条件に当てはまった方のみ使える」というあり方です。

〈結〉では、贈りたい1食分を自分が肩代わりして支払い、その支払いに応じて無料で食べられる人数が店頭に掲示されます。かけそばが一杯500円だとして、500円多く支払ってかけそば一食を誰かにあげるしくみです。「プレゼント権をお金で買える」あり方です。

それぞれ異なるところはありますが、いずれにしろ〝誰かが無料になるシステム〟はあまり前例がないしくみであり、日々運用している私もしばしば思わぬところで戸惑います。

例えば「毎日使う人」に対する戸惑い。ある時期、〝ただめし券〟を毎日使う人が現れたことがありました。「どんな人でも使ってほしい」という思いとは裏腹に、懐の小さい自分はヤキモキしてしまい、そんな自分を自覚するたびに「本当に自分はどうしようもない小さな人間だな」と自己嫌悪することもありました。

前述したとおり、まかないさんの善意で貼られた〝ただめし券〟が使われているだけなのですから、券が使われたとしても未来食堂の懐は痛みません。でも自分は、本当にケチなのでしょう、「また使ってるじゃん！」と心のどこかでいら立っていたのです。

本当に困っている人であれば、毎日だって使っていいはずです。そして、（ここが大事なところなのですが）本当に困っていなくても、毎日だって使っていいはずです。なぜなら、その方が本当に困って使っているのかを問うことは本質ではないからです。

「本質？」と疑問に思われたかもしれません。〝ただめし〟の本質とは何なのでしょうか。私は、『あなたを救います』というメッセージを送り続けることだと考えています。

「あなたは困っている」「あなたは困っていない」と人をふるいにかけるのではなく、ただただ来た人を受け入れる、それこそが〝ただめし〟の本質だと考えています。そう考えたとき、〝本当に困ってない人〟が数日使ったとして、そこで気持ちが揺らいでしまうのはまだまだ覚悟が足りません。そんなケースは、いつか本当に困った人が毎日使ったとして、それを動じずに受け止めるための予行演習だと思えばいいことです。

「あくまで余剰でやっているだけのシステムなのだから、どう使われたって動じずにいる」。言葉にすると簡単ですが、いろんな方がいらっしゃいます。あるお客様は、来るたびに〝ただめし券〟を使っていました。前述のように心のどこかがいら立ちながらも、そういうものだからと接していたある日、そのお客様が〝ただめし券〟を使わずに、自分でお金を支払ったのです！　私は顔に出さないながらもとても感動したのですが、お金を使ったのはその一度だけで、その後また同じように〝ただめし券〟を使うようになりました。

なんとも面白い話です。『ただめし券を使い続けていた人がある日を境に支払うようになった』というだけなら感動する話ですが、そうともならないところに、人間の愛嬌というか、所詮私ごときが伺い知れないこの世の豊かな多様性を感じました。この一件があってから、自分の心も「どうでもいい」というような、投げやりではないのですが、使う人に任せるような形に変わったと感じます。

後述しますが、〝ただめし券〟は使った人が裏面に任意のメッセージを書き残すしくみです。しかし中には、何もメッセージを書かない人もいます。「ありがとう」の一言もなく券を置いて帰る人もいます。衣食足りて礼節を知る、ではありませんが、その方は本当に疲れ切っていてお礼の言葉も出るような状態ではなかったかもしれません。「お礼を言うこともできないくらい、まだ心の余裕がない人なんだろうな」と、脳天気な私はそれくらいでは凹みませんが、人によっては「なんでありがとう一つ言わないんだ！」と、つい感謝を強要してしまう方もいるかもしれません。時に、ついそう思ってしまいそうな自分もいます。何も見返りを求めずただ人が人を救う難しさについて、日々学ぶことばかりです。

ちなみにこの裏面のメッセージを書く方は半分以下。〝感謝の気持ち〟を見返りとしてやるならば、割に合わない数字かもしれませんね。

「助かりました」がウソでもいい

では、〝ただめし券〟は実際にどのように使われるのでしょうか。

〝ただめし券〟を使いたい方は、〝ただめし券〟を壁から剥がします。それを会計の時にお出しいただきます。すると店員（私やまかないさん）がペンを渡すので、券の裏側にその日の日付と、任意でメッセージを書いていただきます。

メッセージを書く人も、日付だけの人もいます。使われたただめし券は、フォルダに入れて店内に置いているため自由に手に取ることができます。「今月は飲まず食わずだったので助かりました」なんてメッセージを見たお客様からは「こういう人が使って欲しいですね〜」との声もいただくことがあります。

でも、はたしてそうでしょうか。私は、特にそう思っていません。というのも、〝ただめし券〟に書かれたメッセージをウソともホントとも思っていないからです。

「タダで1食食べられたし、お涙頂戴のメッセージでも書いておくか」と思って書いたのかもしれません。こう書くと、筆者の私がさぞかしニヒルな性格だと感じられたかもしれませんが、そういうわけでもありません。私自身は特に疑り深くもなく単純な性格です。ただ、もしそうやって書かれたメッセージが〝ウソ〟だとしても、それでもそれを赦《ゆる》すことが、〝ただめし〟を運用している自分には求められていると考えています。そう自覚してからは、書かれているメッセージの真偽に重みを置くような感情が働かなくなりました。

ある意味、私が〝ただめし〟を見る目線は非常にフラットかもしれません。お涙頂戴のストーリーを求めることはありません。ウソとホントを超えたところに本質があると考えるからです。

〝かわいそうな人〟なら使ってOK？

人が人を救う〝ただめし〟というシステムを考えた際、一番意識したのは「救われるのは誰か」という点でした。「困っている人が使ってほしい」と思うことは簡単です。しかしその思想は「あなたは子どもでかわいそうだから使っていい。あなたは大人でアル中で自業自得だから使ってはいけない」と、〝救う人〟を選別するようなあり方に結びついてしまいます。

もちろん、困っている人が使ってほしいです。そのための券です。貼っていくまかないさんもそれをどこかで期待しているのだと思います。その気持ちは素晴らしいことですが、本当に必要なことは、感謝の気持ちも含めて何の〝お返し〟も期待しないこと、最後の100番目が〝本当に困っている人〟だとして、その前の99人がたとえ〝使ったことをすぐに忘れてしまうような施しがいのない人〟だとしても施しをする、そういう覚悟を決めることだと思います。

私がこういった覚悟を決められた理由は、個人的な体験も大きいかもしれません。

私は中高をキリスト教学校で過ごしました。聖書の中に見るイエス・キリストは、自分を迫害し命まで奪った人々を、ただただ赦していました。その、もの凄い覚悟を決めた後ろ姿に、中高生だった私は圧倒されたのです。そういった狂気をはらむほどのエネルギーを自分なりに感じられた今、自分ごときが人を選別したり、何か見返りを求めたりすることはとてもできるわけがありません。

ただ、私は本当に俗な人間です。「おまえが使う券じゃない」と、腹黒い思いが頭をもたげることもあります。ただただ人を救う難しさを日々痛感するばかりです。

99回踏みにじられても1回が誰かの支えになればそれで十分。そう思うからこそ、〝かわいそうな人〟だけでなく誰もがつかえるような設計にしています。また、誰もが使いやすい形にした結果、本当に困っている人がそのことを明かさず使えるため、使いやすくもなるはずです。『困った人しか使えません』と限定してしまうと、本当に困っていても、使い辛くなってしまうのではないでしょうか。

「ただめし券の持ち帰り禁止」——試行錯誤の中でルールが生まれる

〝ただめし券〟の横には、ただめし券の説明と注意を書いたパネルも貼っています。実際にこのパネルに書かれている文言を見てみましょう。

ただめし券

誰でも使えます。はがしてもってくると一食無料になります。
困ったときは使って下さい。会計時にみせてください。
未来食堂では、50分のお手伝いで一食もらえる〝まかない〟制度があります。
ただめし券は〝まかない〟でもらった一食を、どなたかが置いていったものです。

※お一人様でのご来店のみ使えます。
※追加の注文は出来ません。そういう券ではないと思うので。
※もって帰るのはやめて下さい。ここに来れば券があります。それを信じて下さい。
券を手元に置いておきたいのなら、ご自分でまかないをして、一食無料券を手に入れて下さい。無限の〝もしも〟に応えていては、いくら券があっても足りません。

未来食堂

ここまでの説明では〝誰でも使っていい〟ことを強調してきましたが、ご覧頂いたように実はいくつか注意書きがあります。ここではその意味と、生まれた背景をお話しします。

○「お一人様でのご来店のみ使えます」

〝ただめし〟は開始後から様々なメディアに取り上げられるようになりました。ある日、テレビで放映された次の日だったのですが、若い2人組のお客様がお見えになり、1枚ずつただめし券を剝がして、ただめしを食べて帰っていくということがありました。それを受けて、このルールを追加しました。

繰り返しになりますが、本当に困っている人、〝救われる価値のある人〟だけが救われるべきだとは、私は思っていません。その姿勢は〝ただめし〟というネーミングにもあるように、道徳面や感情面になるべく訴求しないフラットな形にも表れています。

悪のりする人がいてもいい。ただし、悪のりしたいんだったら一人でやれ、と思うのです。ちょっとした悪のりがしたいのであれば、その覚悟を決めてくるべき。「友達が使うんだったら私も使おうかな…」という、流されるような使い方は「違う」と判断しました。

○「追加の注文はできません」

ある時、定食とお酒を召し上がったお客様が、会計時に〝ただめし券〟を提示されました。『定食分を無料にしてお酒の800円分を払います』という算段でしょうか。私はこれを「追加の注文をされた方はただめし券を使うことはできません」とお断りし、以降このルールをパネルに記載しました。

そもそも追加で注文できる余裕がある人が使う券ではないということと、『ただめし券＝900円（1食の価格）』という図式が何か「違う」と感じたからです。

〝ただめし券〟は50分の手伝いと引換えに1枚壁に貼ることができます。いくらお金持ちがやって来て「〝ただめし〟とは素晴らしい。〝ただめし券〟を100枚買うので壁に貼らせてください」とお願いしても叶いません。なぜなら〝ただめし券〟はお金で買える券ではないからです。ですので、『ただめし券＝900円（1食の価格）』とみなす行動は「違う」と判断しました。

ただしこの一件は、後から思い返してみると、どうしても〝ただめし券〟を使ってみたいお客様が「さりとてお店にお金を落とさないのはマズい。お酒でも追加注文して売り上げに貢献するか」と考えて追加注文されたのかもしれません（そういえばご年輩の方でした）。そういった気遣いをNG行為として禁止することに抵抗がないわけではありません。難しいところですが、〝ただめし券〟は〝困った人のための券〟であり余裕のある方のための券ではないことと、追加注文することによって罪滅ぼしをしたと錯覚し、その結果ただめし券を使うことの心情的な重みが減ってしまうことは「違う」ため、やはりお店のことを思った追加注文であっても、これをNG行為としました。

〝ただめし券〟を使うことの罪悪感は、お店に対する売り上げ貢献では巻き返せません。なぜなら〝ただめし券〟は、お店の売り上げを不当に乱用する行為ではなく、前述のとおり、

〝ただめし券〟を貼ってくれたまかないさんの心情を不当に乱用する行為だからです。追加の注文によってお店に益が出ても、それは〝ただめし券〟を使う罪滅ぼしにはならないのです。

お店のことなんて全然考えなくていいのです。ただめし券を貼ってくれた、自分のために50分を使ってくれた、名も知らないまかないさんと真摯に向き合ってほしいのです。

お金で買えない（貨幣交換ができない）ことが優れているとは申しません。金銭と交換できないことについての私の考えは、後で詳しくお話ししたいと思います。

◯「持って帰るのはやめてください」

このルールを作ることは、本当に予想していませんでした。

〝ただめし券〟を運用してから数日経ち、テレビ局が取材に来た時のこと。局のディレクターの方に「貼っているただめし券が1枚減っているのですが、使った方はいらっしゃいますか？」と聞かれました。店内にお客様はおらず、ただめし券も使われていません。録画した映像を確認すると確かに券が減っています。一体どういう事だろう、落ちてどこかに行ってしまったんだろうかと2人で首を傾げました。

それから数日、件の〝ただめし券〟を使う方が現れたのです。そう、〝ただめし券〟は持ち帰られたのでした。それから注意して見てみると、1枚2枚ではなく、券がちらほら減っているのです。

そのことにようやく気がついた私は反射的に「なんかイヤだな、持ち帰らないでほしいな」と思いました。でも、どうして持ち帰られることがイヤなのか、すぐには言語化できませんでした。このパネルの文言『ここに来れば券があります。それを信じて下さい』に行き着くまでに、それから数日を要します。

持ち帰られた券がすべて使われている様子はありません。というか、ほとんど使われないまま行方不明になっています。まかないさんたちにもこの件を相談しました。ただめし券を貼るのは彼らなので、彼らがどう思うかを確かめたかったのです。「どうもただめし券が持ち帰られてるみたいなんだけど、どう思う？」と聞いたところ、そもそも何のために持ち帰っているのか皆よくわからない様子。私たちにとって〝持ち帰る〟というのはまったく念頭になく、したがって動機から不明だったのです。「記念に持ち帰ってるのかな……『未来食堂に来た記念に持って帰ろう』みたいな」「確かに。でもよくわからんな……」「色んなまかないさんの〝ただめし券〟をコレクトしているマニアな人とかいるのかな」「んなアホな」等々、なんともシュールな会話が続きました。

タダで1食が食べられるお人好しなしくみを作った私と、自分が食べる1食を置いていくお人好しなまかないさんたちとの会話ですから、思い返すとずいぶんとぼけたやり取りだったと思います。おそらく「1食無料の券を手元に置いておけばトクなんだから持って帰ろう」

と考えて持って帰った方が多い、というのが正解なのでしょう。我々には〝トク〟という価値判断があまりなく、おそらくこの食い違いこそが「持ち帰らないでほしい」というモヤモヤを解決するヒントではないかと気づきました。

すべてのお客様が「自分がトクをしたい」と思い行動すると、〝ただめし〟はあっという間に破綻するシステムです。なぜならば貼られる枚数には上限があり（まかない枠が1日7枠であることを考えると1日最大7枚）、券を手に入れたい人数に追いつかない（1日の来客数は約60人）からです。

「いつか使うかもしれない時のために自分の手元に券を置いておきたい」と考える気持ちは、わかります。でもそれが容認できなかったのは、それはどこかで、人を信じていないゆえに出てくる考え方だと思ったからです。

ただめし券は前述の様に、いつも数枚は貼られています。16年1月の開始時点から、1枚も貼られていない時は1日たりともありません。だから、未来食堂に来れば〝何とかなる〟はずです。でも皆がただめし券を持って帰ると壁には1枚もなくなってしまいます。もちろん、「ただめし券がいつでも貼ってある」とは保証できません。貼ってくれるまかないさんの善意に寄るものだからです。

〝取付騒《とりつけさわ》ぎ〟という言葉をご存じですか？「この銀行は何だか倒産しそうで危なそうだぞ」と誰かが言い始めると、それにより不安になった大多数が預金を引き出すことで、結果、その銀行に問題がなくても貯蔵金が力尽き本当に倒産してしまう事例のことです。〝ただめし券持ち帰り問題〟はこれと同じです。皆が不安に感じて〝ただめし券〟を持ち帰ると、〝ただめし券〟は本当になくなってしまうのです。

これをジレンマというのか論理的矛盾というのか、経済学に明るくない私にはわかりません。ただ、私が伝えたいメッセージは「ここに来ればただめし券がある。ここに来れば何とかなる」ということです。よって、そのメッセージから外れた〝持ち帰り〟という行いを、私は「違う」と判断しました。

また、〝ただめし〟は券を持ってる・持ってないによる区分ではなく、ここに来れば何とかなると思って来た人をすくい上げるためのシステムなのですから、券ありきで考えると本来の意味を失っていきます。持ち帰りの一件は、その破綻の予兆も感じさせたので「違う」と判断したのだとも思います。

誰かを、何かを信じるというのは難しいことです。不安定で曖昧なものを直視し続けるような忍耐強さが求められます。でもやはり私は、曖昧な人の〝善さ〟をどこかで信じたがっているし、そういう曖昧な期待が少しは許されるような未来を求めているのだと思います。

何が正しいのかはわからない

ここまで、「持って帰られるのは何かイヤだな」程度の曖昧な感覚から始まり、その感覚を深堀りした経緯をお話ししました。こうやって日々、予期せぬ事があれば考え対応していますが、このあり方が正しいのかどうか、私にはわかりません。

例えば『〝ただめし券〟は貨幣と交換できない』というルールがあります。前述したように〝ただめし券〟は金銭で購入できず、あくまで50分の手伝いの対価としてしか手に入れることができない券です。これには2つの理由があります。

①小銭を消費する程度で簡単にただめし券を貼ってほしくないから

〝ただめし券〟は、まかないをする、つまりある程度時間をかけないと貼る（＝善意を表明する）ことができません。これは、ただめし券の数を爆発的に増やしたくないという思いから設計しています。

この設計のきっかけは、前述した〝ただめし〟のヒントになった海外のピザ屋さんでした。このお店では、写真で見ただけなのですが、1枚1ドルという気安さからか、壁じゅうにメッセージの書かれた引換券が貼られています。その写真、壁を埋め尽くす引換券の写真を見た時私は、「何か違う」と直感的に思いました。何が違うのだろうと数日考え、行き着いたのは〝関係〟という言葉です。

未来食堂が大事にしているのは、お店と〝あなた〟の関係です。〝あなた〟が困っている、

1食がないと途方に暮れているとして、そうやってフラフラと未来食堂にやって来たとして、はたして無限にポスト・イットが貼ってある必要はあるでしょうか。1枚だけだと取るのが憚《はばか》られるというのであれば、数枚貼っていれば、それで良いのではないでしょうか。

大切なのは〝あなた〟に届けること。山のような善意を見せびらかす必要はないし、小銭を払うことで善意を表明できるような消費型善意購入システムを提供する必要もないのです。これが、金銭で〝ただめし券〟を買うことのできない理由の1つです。

②〝ただめし〟のありがたさを感じてほしいから

〝ただめし〟を食べる時に「誰かが自分の代わりにお金を払ってくれたんだ」と思うよりも「誰かが自分のために50分を使ってくれたんだ」と思うほうが、よりありがたみが増して感じられませんか？　確かにお金を恵んでもらう事もありがたいことです。ただ、お金というのは少し抽象的というか、そのありがたみを覆い隠してしまうような性質があります。「ありがたがれ」と強要する行動は間違いかもしれません。でもやはり、1食を無償で恵んでもらえるというのは、〝ありがたい〟ことだと思うのです。食べた後のお礼を強要するつもりはありません、でも、その事実はきちんと受け止めてほしいのです。

実は私も「〝ただめし券〟使って無料で食べるというのは、一体どんな感じなんだろう」と思って、実際に壁から1枚剝がして使ってみたことがあります。厨房の中にいるまかないさんに手渡すと「オーナーのせかいさんが使っていたら、従業員から不当搾取するブラック企業みたいじゃないですか!」と笑われながら、ごめんごめんと謝りつつ食事を待ちました。

食事が出てきたときは、嬉しかったですね。ピカピカに光る盆の上に綺麗な食器が並んでいて。びっくりしました。何を自画自賛してるんだと笑われるかもしれませんが、厨房で働く私は残り物を適当に食べて過ごしているので、お客様用の1食を食べたのは恥ずかしながらその時が初めてだったのです。最初のうちは「うひょー」なんて驚きながらただ単純にごはんを食べていたのですが、食べている間というのは案外暇なもので、この1食が〝ただめし〟であることが思い出されてきたのですね。券を見ると1月22日とあります。ただめし券の表にあるこの日時は、まかないさんが来た日時。つまり、この〝ただめし券〟は1月22日に誰かが時間を使ってくれたということです。50分間、皿洗いや床掃除をしたのかなと考えていると、ずーんと食べている1食の重みが心に降りかかってきました。

もちろん私は未来食堂で働いているので、普通に〝ただめし券〟を使う人よりもまかないさんの動きがイメージできます。だからこそより〝重さ〟を感じたのかもしれません。が、その時に改めて、券にある○月○日という日付は、たとえ未来食堂で〝まかない〟をしたことのない人にとっても、やはり重さが感じられる情報だと思ったのです。

〝50分の手伝い=1食〟という等式は、貨幣というトンネルをくぐっていません。50分働いて900円をもらい、その900円で1食無料券を買っている訳ではないのです。ですので、貨幣の価値変化、例えば定食が2000円になったとしても「50分の手伝い＝1食」という等式は影響を受けません。この、貨幣というトンネルをくぐらないあり方はあまり例がないと思うので面白く感じています。

なにぶん世の中にこういった1食無料のしくみがないため、私自身も手探り状態です。逆に言うと、これからこういったしくみを作りたい方にとっては、未来食堂はある種のサンプルであり、良くも悪くも参照事例となり得るでしょう。そのプレッシャーがあるからこそ、私なりにとことん考えたいなと思います。

名前はない。日付だけが記される〝ただめし券〟——螺旋形コミュニケーション

ここで、ただめし券に記入されている内容について見てみましょう。

券を貼るまかないさんが表面。働いた日付と時間枠を記入します。「2月4日午前枠」のような感じですね。日時を記載することで、まかないカレンダーを確認すればまかないさんが特定できますから、偽造防止にも役立ちます。他のメッセージは任意。名前を書いてもいいしイラストを描いている人もいます。

券を使う人は裏面。使った日付を書きます。こちらもメッセージは任意。お礼を書く方も日付だけの方もいます。ですので例えば「2月4日午前枠」に貼られた券が「3月1日」に使われた、という軌跡を追うことができます。使われたただめし券はクリアファイルに収納し店内に展示してあるため、だれでも閲覧可能です。

このように、日付とメッセージが連なっているだけのファイルですが、私は個人的にこのあり方がとても気に入っています。施す側と施される側が直接対面しないようなあり方。〝いつかの誰か〟に思いを馳せながら券を貼り、〝いつかの誰か〟に感謝しながら券を剝がす。その想像力は、この世界をより豊かに彩ってくれます。

施《ほどこ》してくれた人に感謝して終わるのではなく、今度は自分が〝まかない〟をして〝ただめし券〟を貼って帰るような、いわば螺旋を描くように緩やかに縁が続いていくあり方はとても尊いものだと、私は感じます。

〝ただめし券〟という呼び名の理由

最後になりましたが、どうして〝ただめし〟というふざけた名前のシステムにしたのかをお話ししたいと思います。

〝ただめし〟のように次の人に善意を施すシステムは『恩送り』という言葉や、英語圏では

『ペイ・フォワード』という言葉で呼ばれています。ですが、そういった横文字のかっこいい呼び方や『贈り物』『施し』などのお仕着せがましい単語ではなく、もっとフラットで〝面白おかしい何か〟くらいのバランスを取りたいと考えたからです。「〝ただめし〟、って（笑）」くらいでちょうどいいのかなと。これくらい肩の力が抜けている方が、本当に使いたい時に負担なく使うことが出来ます。「まあかわいそう！　寄付してあげましょう！」という、ともすればヒステリックにも傾きがちな情熱ある善意は、本当に疲れている時には負担に感じられることもあるのではないでしょうか。

このふざけたネーミングと相まって、何となくノリで〝ただめし券〟を使う人もいると思います。でも、それで良いと私は考えています。先述したように、100枚〝ただめし券〟が貼られたとして、99人がノリで使っても、たった1人が本当に困って使ったのなら、それで良いのです。人を救うという奇跡は、そう簡単に起こりません。100人中100人が絶望の淵に立っている必要もありません。誰もが幸せだったらそれが一番良いのです。「ただめし（笑）」と笑いながら伝播されて、ノリで貼ったり剥がしたりして遊んでいるくらいでいいんだと思います。大事なのは伝播されること。100回目に小さな何かが起こること。

ここまで〝ただめし〟の話を聞いていて、ひょっとしたら「なんだか良さそうだけれど自分は使うことはなさそうだな」と思われた方もいるかもしれませんね。むしろ、ほとんどの方がそう思われたかもしれません。1食に困るほど窮地に追い込まれることは、そうそうないことですから。でももし、万が一でもそんなことがあったら、私はそれを辛く思います。

なんとかしたいと思います。

だから、いつかのあなたが使えるように貼っておきます。

いつか、思い出してください。

〈ただめし〉の超・合理的ポイント

ユーザーの心理的ハードルを想像する（難易度：★★）

施しを与える・もらうというのは、まだまだ日本では根付いていない習慣です。いくら店側が「余剰から生じた権利なのだから使ってほしいな」と思っていても、そう思っているだけでは使う側の心理的ハードルは高いままです。

未来食堂では〝ただめし券〟を店内ではなく店外壁に貼り付けています。店内にあると、お客様も食事を召し上がりながら券を眺めることができるので、店の雰囲気作りにも良さそうだと思われるかもしれません。しかし、それでは券を剝がすときに店内の視線を一斉に浴びてしまうため券を使いづらいですよね。そうなってしまうと〝ただめし〟のもとの思いからずれた、ただの独りよがりなインテリアになってしまいます。ですので、券を剝がすところが誰にも見られないよう、入り口から脇にそれた壁に、メニューと一緒に掲示しています。

メニューを見るために立ち止まっているのか、券を剝がす為に立ち止まっているのか、誰もわからないようにするためです。他にも本章で触れたとおり、〝ただめし〟という道徳面や感情面になるべく訴求しないフラットなネーミングも、心理的ハードルを下げるためです。

未来食堂では、このように使いやすいよう心理的ハードルを下げていますが、必ずしも下げる必要はないと思います。そのあたりのさじ加減は運営次第でしょう。

運営側に無理のないシステムにする（難易度：★★★）

1食や1回分のサービスを無料で受けられるしくみを作る際は、では誰がどうやってその不足分を補うのかを考える必要があります。もし、お店がすべてを補うのであればそれは持ち出し行為です。持ち出し行為がいけないとは言いませんが、イベント的に1、2回やるのではなく長く続けたいならば、その状態が無理なく持続可能であるかをよく考える必要があります。例えば100食分を〝ただめし〟システム運用のために自腹を切ったとします。でもまったく見返りがないかもしれません。持ち出しでやっていきたいのなら、それでも持続できるほどの財源、モチベーションが必要です。

例えば未来食堂の〝ただめし〟は、先述のとおり〝まかない〟の見返りに与える1食の対象者が変わるだけなので、いくら〝ただめし〟が発生しても店の懐は痛みません。前述した珈琲店〈こはぜ珈琲〉もお客様にお渡しした〝特典〟を他のお客様が使うだけですし、帯広のそば屋さん〈結〉も無料で食べているお客様の勘定を他のお客様が肩代わりしているだけです。

特に未来食堂のように貨幣に依らないあり方を望む場合、その〝貨幣以外の何か〟を店内で消化し益とできるようなシステムを別に考える必要があります。

見返りを求めない（難易度：★★★★★）

〝ただめし〟システムを作ろうとしているあなたは、何らかの「人の役に立ちたい」という思いにあふれた方なのだと思います。それは素晴らしいことなのですが、実際にシステムを動かしてみると「人の役に立った」と思うことはそうそうないかもしれません。権利を享受するのが、例えばタダでご飯を食べたいだけの施しがいのない人ばかりかもしれません。それでもあなたは、〝ただめし〟を続けていけるでしょうか。

もちろん回避策として、〝本当に困っている人だけが使う〟ようにすることも考えられます。ただ、この回避策を打ち出したある子ども食堂から、「あそこに行くと貧困家庭に見られてしまうから」という理由で全体の利用者が減り困ったと相談を受けたことがあります。

何が正解かはわかりませんが、ただただ受け入れるという覚悟がないと、理想とのギャップを乗り越えられないかもしれません。

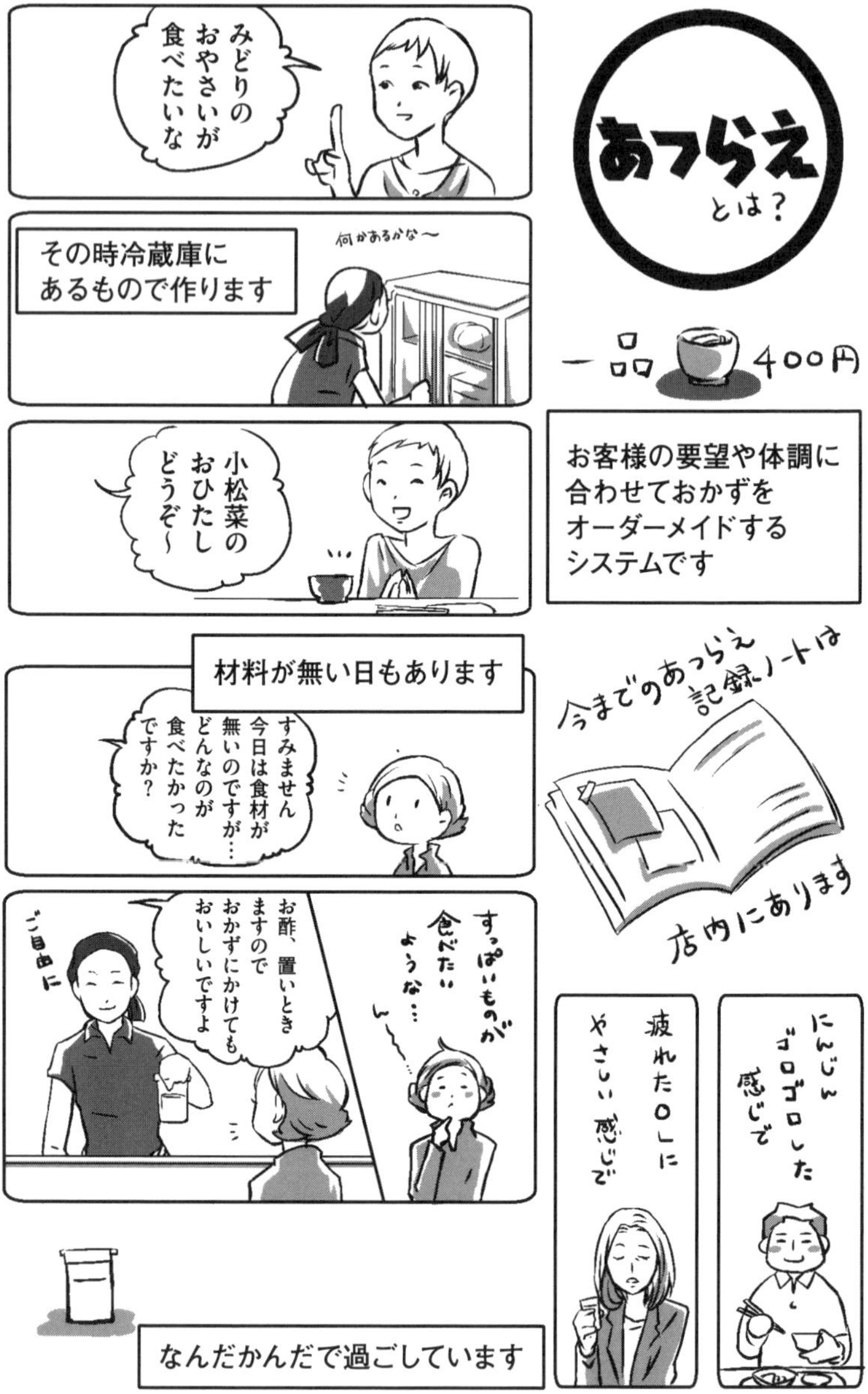

あつらえ
とは？
みどりのおやさいが食べたいな
その時冷蔵庫にあるもので作ります
何かあるかな～
小松菜のおひたしどうぞ～
材料が無い日もあります
すみません今日は食材が無いのですが…どんなのが食べたかったですか？
すっぱいものが食べたいような…
ん～…
お酢、置いときますのでおかずにかけてもおいしいですよ
ご自由に
なんだかんだで過ごしています
一品 400円
お客様の要望や体調に合わせておかずをオーダーメイドするシステムです
今までのあつらえ記録ノートは店内にあります
にんじんゴロゴロした感じで
疲れたOLにやさしい感じで

3 あつらえ

通常の定食でお出しする小鉢をあつらえることができます。材料を選んだり、「温かいものが食べたい」「ちょっと喉が痛い」「今日は良いことがあった」などの、気分や体調に合わせたあつらえも可能です。
（あつらえ1点につき400円。食材は2つまでお選びいただけます）

未来食堂にはメニューがありません。その代わり、リクエストに応じておかずの〝あつらえ〟ができます。

〝あつらえ〟のはじまり

〝あつらえ〟は好みの材料を指定したり、体調や気分に合わせて1品をオーダーメイドするシステムです。過去に行った〝あつらえ〟は『あつらえノート』に記録し店内に掲示しているため、だれでも見ることができるようになっています。

「卵焼きが食べたい」「野菜不足だから野菜が食べたい」などのオーソドックスな要望から、「緑のアフリカをテーマに」など、まるでとんちのような要望まで様々です。

そもそも〝あつらえ〟を思いついたのは、自身の偏食がきっかけでした。例えば学生の頃は朝にざるそば、昼夜がシリアルという生活だったのですが、小分けに袋に入れたシリアルを私が食べていると、色んな人が驚くんですね。「牛乳はかけないのか」「毎日シリアルで大丈夫なのか」など。1年くらい、毎日朝ざるそば昼夜シリアルを食べていたのですが、自分の〝ふつう〟が一緒にテーブルを囲む相手を驚かせてしまうことに、何とも居心地の悪さを感じていました。

「その人の〝ふつう〟をそのままに受け入れる飲食店があればいいのに」。そんな思いをベースに〝あつらえ〟が、そして未来食堂が形作られていきました。ですので〝あつらえ〟は、いわゆるグルメ的なカスタマイズというよりも、もう少し心理的なサービスとなっています。

〝おまかせ〟と〝あつらえ〟の違い

個々のお客様に合わせてメニューにない調理を行う形態は他にもあります。例えば寿司屋のカウンターや料亭などの小料理屋が行う〝おまかせ〟。通常これらのお店で、いわゆる〝おまかせ〟を提供してもらうためには、不明瞭な会計を受け入れる必要があります。わがままを言うためには何度も店に足を運び常連客になることも必要でしょう。しかし未来食堂では〝あつらえ〟を一律400円と定め、食材を可視化することで、初めてのお客様でも明朗な料金体系の中、普段使いの食事の中で〝あつらえ〟を受けることができます。

〝おまかせ〟と〝あつらえ〟の違いは他にもあります。既存の高級飲食店で見られる〝おまかせ〟は「店主が調理方法を決めて、その創意工夫をお客様に提供する」ものです。対して〝あつらえ〟は、「お客様が材料や体調などの要望を伝え、それを店主が形にして提供する」ものです。

つまりお客様は、店主の好みやおすすめの食べ方（例えば『今日は良い鯛が入ったから刺身がオススメだよ』など）に左右されることなく、自分の要望に沿った物を注文できるのです。『これが当店の考える〝おいしさ〟です』とおいしさをプレゼンするのではなく、お客様が一番食べたい物と向き合い、一緒に作り上げていく。それが〝あつらえ〟のコンセプトであり、〝おまかせ〟よりもユーザー目線に立ったアプローチだと感じています。

お客様が望むものを望む味付けで提供しますから、「自分は薄味が好みだけど、そんなことプロの料理人に言ったら気を悪くするかもしれない」という類の心配から一番離れたあり方だともいえます。

従来の、店側がおいしさをプレゼンするあり方に私自身が納得いかない経験をしたことも、〝あつらえ〟を考えたモチベーションになっています。都内のとある洒落たイタリアンに出かけたときのこと。私はフランスパンにオリーブオイルとバルサミコを付けて食べるのが好きなのでバルサミコをオーダーしたのですが、そのお店は〝こだわりのあるオリーブオイル〟とのことで、シェフの方が出てきて「バルサミコを付けて食べてほしくない」と説明されました。

確かにそのオリーブオイルは濃い緑色で風味も良いものでしたが、どういう食べ方をおいしいと思うかは個人の自由ではないかと、もやっとした気持ちになりました。お店が真摯においしさを提案するがゆえのすれ違いだったとは思っていますが。

食材を区分しない〝冷蔵庫の中身リスト〟

では実際の〝あつらえ〟の流れを見てみましょう。

時間は18時から。忙しいランチタイムが終わった、夜のゆっくりした時間帯に〝あつらえ〟を受け付けています。メニュー代わりに〝冷蔵庫の中身〟を書いた紙をお客様にお渡しし、定食を召し上がった後、「まだ何か食べたいな……」と思われたお客様が、そのリストを見て希望する材料や、要望を伝え、私がそれに合わせておかずをお出しするという流れです。

余談ですが〝冷蔵庫の中身〟というネーミングは非常に受けがいいですね。通常の飲食店だとメニューがあるだけで、〝冷蔵庫の中身〟はオープンにしないですから、お客様の目に新鮮で面白く映るのだと思います。

この〝冷蔵庫の中身〟はまさに食品の羅列。例えば昨日の7月27日の〝冷蔵庫の中身〟は、なめろう、牛乳、ハンバーグ、エビ入りマヨネーズ、卵ボーロ、切り干し大根、レモン、酢味噌、明太子、豆腐、卵、もみのり、といった具合。

「調味料、飲み物、お菓子は別に書いたほうがいいのでは？」とお客様に苦笑されたこともあるのですが、このごちゃまぜ具合が気に入っています。それはおそらく、先述したとおり、心理的なサービスに重きを置いているので整列して頼みやすくすることが目的ではないことと、「マヨネーズは調味料」というような分け方は、ひょっとしてそう思っていない方（例えば「マヨネーズはおかず」と思っている方）に距離を感じさせる振る舞いになるかもしれず、どんな偏食、〝ふつう〟も等しく扱うという意味で、食材を区分せずただ並べるあり方がなじむからかもしれません。

食材を区分しないゆえか、面白いアイデアが飛び出すこともあります。

例えば過去に「柿を焼いて何か……」という方がいらっしゃいました。「面白いリクエストですね。焼いたらどんな感じになるんですか？」と聞くも、「私も焼いたことがないからわからないです」とのこと。まずは試しで少量を焼いてみることに。すると、焼バナナのような濃厚な甘みが引き立ち、2人で驚きました。味のイメージも見当がついたので、炒めた柿を拍子木切りにし、ゆでた金針菜《きんしんさい》（ほの甘い中国野菜）とともに出汁あんで絡めてお出ししました。

食材を区分けしないことに加えて、お客様が「こういうのどうだろうな」と思ったことを言いやすい雰囲気であることも、奇想天外なアイデアが出てくる秘密なのかもしれません。

求められているのは〝完成された一品〟ではない

〝あつらえ〟の話をするとよく言われるのが、「1人1人にオーダーメイドなんて、手間がかかって無理なんじゃないですか」ということ。確かにパッと聞くとそう感じられるかもしれません。

でも、その心配ゆえに〝あつらえ〟が無理だと考えるのならば、もったいない話です。〝あつらえ〟で一番大切なことは、その人が望むことを聞いてそれを肯定すること。「人参だけで作った定食が食べたい」といわれて、それをヘンだとか無理だとか言わずにできるかぎりの範囲で人参だけの定食を作れば、それで十分なのではないでしょうか。たとえそれが人参サラダだけの定食だったとしても、「人参だけを使って定食を作る」心意気こそが、そのお客様にとって一番のご馳走になるからです。

「普通のお店だとこんなことは言えないけれど、ここだと言える」という安心感こそが、未来食堂が伝えたいメッセージです。手間をかけることで、いわゆる〝メニュー〟に載っているような完成された一品を作るという、従来の飲食店が行う発想では、〝あつらえ〟が無理だと感じられても仕方ないことかもしれません。「1人1人に合ったおかずの提供」と考えると特別感があるように感じられるかもしれませんが、例えば花屋や美容院は、メニューではなくお客様の要望に合わせてオーダーを受けていますよね。それと同じ事を飲食店でもやろうとしているだけなのです。

「今まで『思っていたものと違う』とクレームが出たことはないんですか」ともよく聞かれますが、ありません。もちろん、作ったことがないものを作るのですから必ずしも100点満点の〝あつらえ〟ばかりではないと思いますが、「そうそうこんな感じ」と喜んで頂けることがとても多いです。

作る過程で「キノコと豚肉を炒めた感じですか、良いですね。味は和洋中でいうとどんなイメージですか?」と細かくコミュニケーションを取ることで、致命的なイメージ違いを防いでいることも秘訣の1つかもしれません。〝あつらえ〟最中のお客様とのやり取りは、クレームを防ぐという〝守り〟だけではなく、積極的なコミュニケーションによって「自分の好みを聞いてくれている」というお客様の嬉しさを増すことのできる〝攻め〟の姿勢でもあります。

初期の"あつらえ"の記録。店内でお客様が閲覧できるようにした

あつらえ通信

2015年
9/28〜10/10
vol. 2

㊡ 9/13 〜 9/27 のあつらえ模様

開店、2週間を無事むかえることが出来ました。ありがとうございます。あつらえも、最初はあわただしく、しておりましたが、だんだんお皿の種類もふえ、楽しいものになってきました。

未来食堂では、お好みの食材、体調、気分にあわせて、メニューにはない、お客様だけの一品をあつらえます。
ここでは、そんな様々なあつらえの一部をご紹介します。

あつらえは、一点に付400円。
食材は2つまで選べます。
※3つ以上の食材の指定や、高価な物、時間のかかるあつらえの場合、あつらえ2点分〜の料金となります。

フワッとしてやさしいもの…

ごはんを、あん卵ぞう炊にかえて。

最近は忙しくて…というお話。やすまる物を食べたいとのことだったので、溶いた卵に水溶き片栗粉をまぜて、おじやにおとしこみます。猛宗汁といって、昔の時代のレシピです。

あつらえ一点分

何かてきとうに、つまみっぽく…

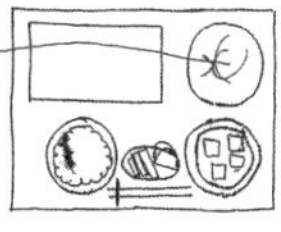

酢ものの材料、「わかめ」はお客様からの、差し入れなんです。

あげもの
酢もの
煮もの
めしもの、
じゅんばんに適当に。

4、5人で、もちこみのお酒をかついで、にぎやかにおすごしでした。
じゃまにはならないよう、ほどよいペースで、そうざいをあつらえ、ちょこちょこと用意させてもらいました。

あつらえ 4点分

おにぎりが食べたい…

飲んだあとのしめのごはん。

「ちょっとあつらえて」とリクエストを頂きました。
たべやすいように、おにぎりで。
女性お二人なので小さめを4つ、あつらえました。

梅干しにぎり、焼おにぎりセットで。

昔ながらのしょっぱい梅干、香ばしい焼きおにぎり。たまにはいいです。

あつらえ一点分

いかがでしたか？ 未来食堂は、あなたの"ふつう"（当たり前）をあつらえるお店です。
どうぞ、なんでもお聞かせ下さい。
ご来店をお待ちしています。

未来食堂
miraishokudo.com

何を言われても驚かない。〝ふつう〟を普通に受け止める

とはいえ、「えっ？」と驚くようなヘンな要望がないわけではありません。

例えば過去に「豚肉とキノコをニンニクと塩で炒めてください」という要望がありました。できないことではありませんが、キノコが持っているわずかなエグみやニンニクの主張の強さを考えると、塩でなく醤油で炒めたほうが〝おいしく〟できます。実はこれは外国の方からのリクエスト。おそらく彼は醤油で炒めるというアイデアがなかったのでしょう。でも、「醤油のほうがおいしいから」と普段の食生活で縁のない醤油を使っても、その方が満足するとはかぎりません。普段なじみのある、自分にとっての〝ふつう〟が出てくるほうが満足度が高まるだろうと判断し、要望のとおり塩で炒めてお出ししました。ただ、例えばニンニクは低温で炒めてカリッとさせ臭みを取り、キノコも油で炒めることでエグミがまろやかになるような工夫も同時に加えています。

このように、「それは一般のおいしさのセオリーから外れているかも…」と思うことがあっても、それをなんとかまとめ上げるような技術が、〝あつらえ〟では必要になります。食の好みは主観的であり感覚的なものです。その人の思う〝おいしさ〟を間違っていると決めつけずに、プロでありながらもお客様に寄り添えるあり方をめざしたいなと思います。

他にも、「ごぼう、人参、ピーマンを使って塩を使わないきんぴらを作ってください」とリクエストされたことがありました。きんぴらは醤油と砂糖の甘辛い味付けが身上ですから、塩分なしというのは難しい注文です。ですが、そうリクエストされるということは、それなりの理由があるはずです。結局、黒酢を入れることで塩分を使わず旨みを乗せ、砂糖でコーディングする事でツヤ感を出し、きんぴらの見た目と旨みを引き出した一品をあつらえました。

実はこの〝塩なしきんぴら〟は、テレビ取材をされている時の一品です。ディレクターの方は、番組で紹介する為に必要だったのでしょう、「どうして〝塩なしきんぴら〟をオーダーされたのですか?」とそのお客様に聞いていました。

実はこのやり取りは〝あつらえ〟と対極にあるもので、それゆえとても印象に残っています。「どうしてオーダーしたか、その理由を聞くのは自然なことでは?」と思われた方もいるかもしれませんね。確かにその通りです。しかし、未来食堂の〝あつらえ〟で大切なのは、その人の〝ふつう〟を受け入れること。そう考えると、どうしてと理由を問うことを私が避けていることが、おわかりいただけるかもしれません。

〝塩なしきんぴら〟がヘンなオーダーであることは、そのお客様も自覚されているご様子でした。そんな中、「どうして塩なしが良いんですか?」と聞いてしまうと、ますます居心地の悪さを感じられてしまいます。「そういうのも良いですね」と言いながら、「具材は何にしましょうね」と聞き重ねることで、おぼろげながらそのオーダーの理由が見えてきます。ダイレクトに聞いてその〝ヘンさ〟を自覚させるよりも、まずはそれを受け入れ、やり取りの中で自然に見えてくるその方の嗜好を捉えることが大切です。

先述した、お客様とディレクターとのやり取りは、そういった未来食堂が大切にしている関係作りのあり方ではなかったので、ひどく印象に残ったのでした。

未来食堂が〝定食屋〟である理由

実は、未来食堂が定食屋である理由は、それが一番〝あつらえ〟をしやすい形態だと考えたからです。

今でこそ未来食堂は〝まかない〟などいくつかシステムがありますが、当初から考えていたのは〝あつらえ〟だけでした。会社員だった私が『あなたの〝ふつう〟をあつらえます』というコンセプトで飲食店をやろうと決意した時から、「『今日は喉が痛い』と言われたら、『ではスープはどうですか』と返せるような、ちょっとしたオーダーメイドができる飲食店を作るんだ」と心に決めていたのです。

1人1人と向き合う〝あつらえ〟は、規模の経済を突き詰めたファストフードやチェーン店から見ると非効率なあり方です。ただ、そういった誰かのためにちょっとした一手間を加える姿を見たお客様からは、「少し家庭的な、ノスタルジックな雰囲気ですね」と言われることが多々あります。

『新しいけれど懐かしい』『今はまだ1人1人を気にかけた飲食店はなくても、きっとこれからはこういう形の店が増えていくはず』という思いは、〝食堂〟という回顧的な単語と「未だ来ていない」という意味の〝未来〟を組み合わせた〝未来食堂〟という屋号の由来にもなっています。

〝あつらえ〟がなぜ定食屋に結びつくのか。先述したとおり、〝あつらえ〟で作るものは、ちょっとした一手間をかけた簡単なものであることが大きな理由です。というのも、もしもメニューがまったくなく、私が『何でも作ります』と宣言しても、変わった店だと思われ入りづらいお店になるでしょう。その点、定食屋というのは、定食という『メニューがあるようでない、ないようである』存在ゆえに〝あつらえ〟を扱いやすいのです。例えば定食には副菜の小鉢が付きます。これに何を盛りつけて出すかは基本的にこちらの自由ですし、よっぽど変なものでもないかぎり、誰も「こんな小鉢出しやがって！」と怒りはしません。

あつらえとは多くの場合、小鉢をうまく使うことで実現されます。実は定食は、〝小鉢〟というファジーな要素を残しているメニュー形態なのです。何もメニューがなく一から「ビーフカレー作ってください」と言われるのは大変ですが、デフォルトで定食を用意しておき、足りなければ少しカスタマイズするあり方を『小鉢を増やす』ことで実現できるというわけです。

このように、〝あつらえ〟の実現しやすさから未来食堂は定食屋の体をとっていますが、本質的にはどんな業態だっていいのです。例えば〝あつらえ〟のあるインド料理屋や中華料理屋など。調理人によって出来上がるものが違うという意味では〈あつらえのできる山田さんの中華料理屋〉の横に〈あつらえのできる高橋さんの中華料理屋〉があってもいいわけです。ただ、私のように個人で飲食店をやる場合、通常のたくさんのメニューに加えて〝あつらえ〟までしていてはとても手が回りません。メニューが1つでもよく、そしてそのメニューが毎日替わり、ちょこっとしたオーダーメイドがしやすい形態という意味で、未来食堂は定食屋の道を選んだのでした。

〝あつらえ〟は受け入れられるのか。開店前の試行錯誤

「〝あつらえ〟のある定食屋を作るんだ」とはいっても、その勝算は未知数でした。友人に話しても「1人1人調理するなんて客単価8000円くらい取らないと無理なんじゃない？」「クレームが来たらどうするの？」など、皆面白そうだとは言ってくれるのですが、現実的ではないという反応ばかりでした。

ささやかな一手間を加える〝あつらえ〟がどの程度世の中に受け入れられるのか、開店前

に検証が必要だと感じた私は、神保町にある地域密着のイベントスペースに赴き（神保町が開店予定地だったからです）、〝あつらえ〟の説明をした後、「イベントごとの特色を生かした〝あつらえ〟のあるケータリングを請け負いたい」とお話したのです。そこからいくつかのイベントでケータリングを行うことになったのですが、どのイベントでも〝あつらえ〟のあるケータリングは評判となり、1度請け負ったイベントでは必ずと言っていいほど2度目のご依頼をいただく程でした。

例えば、アイコンが猫でテーマカラーが紫のとある団体のケータリングでは、大根を紫キャベツで染めて猫の型抜きをした〝紫猫〟をサラダの上にトッピングしたり、日本中の田舎を取材していたとあるウェブメディアのイベントでは、今まで取材された各地から食材を取り寄せて調理したり。

調理そのものの手間というよりも、いかにそのイベントを理解し、〝らしさ〟をくみ取るかに意識を向けた取り組みを続けた結果、参加者からの評判がどんどん高まっていったのです。「イベントのためにあつらえた食事を〝おいしい〟と感じてもらえるのだから、自分のためだけにあつらえられた食事があったのなら、皆もっと〝おいしい〟と感じてくださるに違いない」。回を重ねるごとにそう確信し、最終的に「〝あつらえ〟はイケる」と判断することができました。

〝あつらえ〟の経営的メリット

従来の飲食店では、『お客様の望む物を提供しよう』という狙いからメニューを掲示し、結果、メニューがあればあるほどお客様の満足度が向上するというロジックが主流となっています。料理を提供してお客様に満足してもらうことを的当てに例えるならば、従来のやり方はボールを50個100個用意して1つでも当たればいいという手法。対して〝あつらえ〟は、ボールは1個だけ。でもお客様にボールが当たるところまで近づいてもらうことで必ず当てることができる手法です。

ボールが1つであることで、店側のメリットも生まれます。ここでは見方を変えて、店側から見た〝あつらえ〟のメリットを紹介しましょう。

①在庫ロスの削減

メニューとして掲示する従来の方法は、そのうちの何か1つ食材が切れてしまうと提供できず、結果、ロスが発生します。例えば〝オムライス〟がメニューにあると、必ず卵を用意しなければならず、卵を切らしてはいけません。〝あつらえ〟はそれとは異なり、そもそも冷蔵庫の中身から好きな物を選んでもらう方法なので、特別にストックしておかないといけない物はありません。昼間や昨日の食材の残りを使って調理するため、食材のロスが非常に少ない効率的なやり方です。

ちなみに、この〝あつらえ〟に加えて、定食の残りを次の日の小鉢に使ったりすることで、未来食堂での食材廃棄はほぼゼロです。例えばアジフライ定食の日に、さばいたアジが残ったら、それをつくねにして次の日の小鉢に充てたりします。

「それくらい私もやっているわ」と、家庭での料理で考えると当たり前に思われるかもしれませんが、メニューとして出す物が決まっている飲食店ではなかなか難しいことなのです。実際に自分が修行していた先でも、人参を〝千切り〟と〝いちょう切り〟の2つのカット済みの形で仕入れている飲食店がありました。〝いちょう切り〟は味噌汁に入れていいけど〝千切り〟は入れてはいけないというルールがあり、使いようのない〝千切り〟はよく余って捨てられていたものです。

廃棄分も仕入れとしてお客様から頂いたお金を使って購入しているのですから、食材ロスはお客様にとっても無駄にお金を払っていることになります。飲食店での食材の廃棄は、実際に目の当たりにすると本当にやるせないものがあり、それが〝あつらえ〟を実現させたモチベーションにもなっています。

②メニュー試作などの負荷軽減

1つの料理を〝メニュー〟として打ち出すのには大変な労力がかかります。お店で何度も試作をし、材料を見積もり、メニューデザイン、掲示までの一連のサイクルが発生するからです。飲食店では日々細々としたことも含めて時間を取られるため、そこに加えて新規メニューを考えることは、現実問題かなり難しいのです。実際に私が働いていた仕出し屋では、「健康にいいお弁当を作りたい」という社長に対して、総菜担当が「早くて3ヶ月かかります」と話していたこともありました。

対して〝あつらえ〟はその場限りで、相手のお客様を満足させるだけなのですから、上記のサイクルは必要ありません。事務的な労力をかけることなく〝新鮮さ〟を提供することができます。もちろん料理スキルは求められますが、事務的な負荷を求められるよりも、料理人にとってはより本質にかなった時間の使い方になるのではないでしょうか。

〝あつらえ〟はお客様の好みを調査するやり取りでもありますので、「こんなあつらえがよく出るな、メニュー化しよう」と、お客様の要望をくみ取った精度の高いメニューを作ることも可能になります。

③メーカーや農家の方とのコラボレーションが増える

〝あつらえ〟という融通の利く形態を取っているためか、未来食堂にはメーカーや農家の方がご自分の食材を持ち寄ってくださることが多々あります。例えばメーカーが開発した鰹節を頂き、お味噌汁に使って感想をお客様に貰ったり、村おこしの方が自分の畑でとれた野菜を持って来てくれたり。とあるメーカーさんでは、開発している調味料を用意して〝あつらえ〟で自由に使ってほしいと申し出てくれたこともあります。メニューが毎日日替わりということも大きいのかもしれませんね。「融通が利くし、いい感じに使ってもらえそうだぞ」と思ってくださっているのだと思います。

従来であれば、契約農家など、飲食店と生産者が近づくためにはある程度長期的な関係が必要となりますが、対して未来食堂では一期一会、その日その場限りのコラボレーションであることが大きく異なります。メーカーや産地の方が思いついたときに好きなように未来食堂を利用できるので負担が少ないのでしょう。結果、いつも来て下さるお客様も「今日の味噌汁の出汁は良いものを使っているのね」と喜んでくださり、お店にとっても本当にありがたいかぎりです。

ランチタイムは〝あつらえない〟ことであつらえる

〝あつらえ〟の提供時間は18時から。ランチタイムでは〝あつらえ〟を行っていません。これは、ビジネス街のランチニーズ（＝早く安く）と〝あつらえ〟が一致しないためです。〝あつらえ〟をせずメニューを1つに絞ることで、コンロや作業台を皿の置き場所にするなど、そのメニューを出すためだけに最大限チューニングすることができます。言うならば店自体をビジネスランチ用にあつらえているのです。効率的に動くことで労力を削減し、既存の同価格帯のランチよりも良いものを提供できるようにもなります。

よく「〝あつらえ〟のように非効率なところと、ランチで何回転もするとことん効率的なところが両立しているのが面白い」と言われるのですが、個人的には相反することをやっている自覚はありません。どちらもお客様が望むことを、店側が最大限カスタマイズして受け止めている行為だからです。

真のゴールは〝あつらえない〟こと

さて、これまで〝あつらえ〟の説明をしてきましたが、実際にどれくらい〝あつらえ〟をお店で行っているかというと、実はあまり行っていません。というのも、未来食堂の真のゴールは〝あつらえないこと〟にあるからです。

「こんなにも〝あつらえ〟の大切さを説いてきて一体何事か」と思われたかもしれません。

〝あつらえ〟は先述のとおり、相手の〝ふつう〟を受け止めるためのシステムです。言うならば非常口のようなもの。普通の食事で満足できて、そこまで困っていないのであれば無理に非常口を使う必要はありません。そもそも未来食堂の定食はメインに小鉢が3種付き、旬の食材を使ったバランスのとれた1食。〝あつらえ〟を所望する初見のお客様には「定食を召し上がって、足りないようであればまた〝あつらえ〟をお申し付け下さいね」とお伝えすると、最初は〝あつらえ〟を希望されていても、9割は結局頼まずにお帰りになります。個人的にはこの状態を良いことだと考えています。デフォルトの食事で大多数の人が満足できるのであれば、わざわざカスタマイズする必要はありません。お客様にとっても余計なお金を払わなくてすむのです。

「最近寒くてよく眠れない」と言うお客様には、冷蔵庫に残っていたゆずをそのまま差し上げた事もありました。「ご自宅でゆず湯を楽しんで下さいね」と言うと、とても喜ばれました。こんな風に、相手に応えることさえできれば無理に調理する必要は感じられません。

なぜ〝あつらえ〟を積極的にしないのか。このあたりは接客のノウハウでもあることなので言語化しづらいのですが、何かのきっかけで未来食堂の〝あつらえ〟を知り、「〝あつらえ〟

をしてみたい」という方は、当然ながら〝あつらえ〟が目的で来店されます。それを受けた私が「〝あつらえ〟をご希望ですか。使いたい食材を教えてください」とすぐに〝あつらえ〟をしてしまうと、そのお客様にとっては「ふむふむ〝あつらえ〟とはこんなものか、なるほど」と最短距離で目的が達成されてしまい、十分に未来食堂を味わえたような気分になって、また来ようとは思わなくなるでしょう。

大切なのはお客様にとって満足な体験ができること。〝あつらえ〟はその一例に過ぎません。〝あつらえ〟という目的が達成できなくても、「〝あつらえ〟はできなかったけど楽しかった。また来よう」と思っていただけることが目標なのです。

こう思うようになったのは、様々なメディアに〝あつらえ〟が報じられ、有名になったことがきっかけでした。普段の客層とは違うお客様が続々と現れ、「〝あつらえ〟を体験しにきました。〝あつらえ〟を頼みたいのですが」と尋ねられるのです。先述したとおり、〝あつらえ〟は相手を受け入れる、こちらとしても心理的エネルギーを使うストレスフルな行動なので、いきなりそれだけを目的としてやり取りされると、疲れるものがありました。

特に、ある著名な会社経営者に「〝あつらえ〟は在庫ロスをなくす非常に画期的なビジネスモデルだ」と賞賛された時は、いかにもビジネスマン然としたお1人の男性が続々と来店し、皆様一言もしゃべることなく黙々と料理を写真に撮り、特に何に困っているというわけでもなく〝あつらえ〟のために〝あつらえ〟を頼まれるので、こちらもすっかり参ってしまったことがありました。

もちろんこういった状況でも、機械的に言われたことを適当にオーダーメイドしていれば売り上げも上がるのですが、自分が〝あつらえ〟に込めた思いとどうしても相反するので難しかったのです。

以来、「〝あつらえ〟をしてみたいのですが」と言われた時、例えば「何かご飯のおかずがもうすこし欲しいんです」という場合は、「それでしたら追加で生卵や梅干しを注文できますよ、50円とお得ですよ」とあえてはぐらかします。このケースでは約9割のお客様が、ではそれで、と追加の注文で終わります。他にも、〝あつらえ〟をしてみたいというお客様に対して、「何か食べ足りない物がありましたか？」と聞くと、「そういう訳ではないんですが、〝あつらえ〟をしてみたくて」とおっしゃるお客様が大半を占めます。そういうときは、「食べたい物がある時にあつらえるのがいいですよ」とその心情を理解しながらも、冷蔵庫に残ってるおかずやお客様からもらったアイス（後述しますが未来食堂は持ち込み自由なのです）を適当にお分けしていると、もうそれだけでお客様は特別な体験として満足してくれます。

〝あつらえ〟をしなくても、自分だけの特別な体験があれば良いわけですから、ちょっとした楽しいことをお届けすればそれで十分なのです。結果、「〝あつらえ〟はできなかったけど楽しかったからまた来よう」という心情になるのでしょう、未来食堂に再び来てくださるお客様がたくさんいらっしゃいます。

〝あつらえ〟をどの程度特色として打ち出していくのかは、今も試行錯誤しています。在庫ロスを削減させるという意味では、そもそも余った食材を次の日の小鉢に使えるため、わざわざそのために〝あつらえ〟をする必要もなくなりました。ただ、〝あつらえ〟があることで『このお店は自分のためのお店だ』と思って下さる方が、きっといらっしゃいます。そういう方のために、この非常口は残しておきたいと思うのです。

〈あつらえ〉の超・合理的ポイント

汎用的な素材を用意する（難易度：★）

要望を聞いてから野菜の皮をむき、下茹《ゆ》でし、調理していたのでは、調理提供時間がかかりすぎてしまいます。主な食材はあらかじめ汎用的な形でストックしておきましょう。

例えば人参であれば「茹でた乱切り、生の千切り、生の短冊切り、生のいちょう切り」と取り揃えることができます。もちろんこれらの加工済みの食材が、万一〝あつらえ〟で捌けなかった場合でも、メインの調理で使いきれるような調理計画が必要です。ですのでロスを減らすと言う意味では、上記の例では「茹でた乱切り」が、茹で時間が長く一番手間がかかりますから、これをだけを準備しておくというのも現実的でしょう。

モノの数を揃えるよりも、技術をストックすることに重点を置く（難易度：★）

お客様の要望に合わせて〝あつらえ〟るとは言っても、無限に食材を用意することはできません。食材の数で勝負するのではなく、食材をいかにカスタマイズできるかに重点を置くことが求められます。

例えばお客様が「あん肝が食べたい」とおっしゃったとします。〝あん肝〟自体は食材として揃えていないと提供できませんが、「あん肝は置いていませんが、揚げなすにおろしポン酢を効かせれば、あん肝のようなコクのある和の一品が作れます」と提案することで、お客様をがっかりさせることが少なくなります（もちろんお客様が何を欲しているのか、事前に理解することが必要です）。

もともと〝あつらえ〟は、『凝ったものではなく、ささやかな手間を加える程度』なので、食材を揃えるよりも、調理法によりお客様の要望を具現化した方が、よりコンセプトに沿った在り方といえます。

カスタマイズ範囲以外はシンプルにする（難易度：★★）

通常の飲食店のようにたくさんのメニューから選んだ後、さらに〝あつらえ〟を考えるのは大変です。お店にとっても、通常オーダーでてんてこ舞いになっているうえに〝あつらえ〟をするとなると大変でしょう。未来食堂では通常のメニューを1種類だけにし負担なく迅速に提供することで、〝あつらえ〟をする余力と時間を稼いでいます。

ユーザーが頼みやすい設計にする（難易度：★★★）

「お客様の希望に合わせておかずを作ります。では注文を聞かせてください」と言っても、お客様はどのように注文して良いかわからず戸惑ってしまいます。つまり、初めてのお客様にも〝あつらえ〟がわかりやすい必要があります。未来食堂が心がけているのは以下の6つのポイントです。

①価格を明確化する

「あつらえ一点につき400円」と明確化しています。

②選択肢に制約をつける

「材料を2点まで選べます」とルール化することで選ぶストレスを軽減します。

③対象に制約をつける

〝あつらえ〟の対象は、副菜（小鉢）に限定しています。お客様にとって、一体このサービスで何ができるのかが理解しづらいと、頼みにくくなってしまうからです。もちろん相手に寄り添ったサービスであるがゆえに、例えば定食フルセット（主菜、副菜、ご飯、汁物）の〝あつらえ〟も可能ですが、あくまでそれは特殊オーダーであり、「あつらえられるのは〝小鉢〟」というわかりやすさを崩さないよう気を付けています。

④選択肢を可視化する

〝冷蔵庫の中身〟リストを作り、選択肢を可視化します。調味料まで細かく記載することで、〝あつらえ〟のイメージを喚起することもできます。

⑤ビジュアルで説明する

〝あつらえ〟の流れをマンガで説明し、〝冷蔵庫の中身〟リストと共にお客様にお渡ししています。

⑥過去の事例を掲示する

「こんな〝あつらえ〟もあるんだ」と、お客様のアイデアを促進することができます。

ユーザーの要望を反映しつつも手間をかけ過ぎない（難易度：★★★）

〝あつらえ〟では、時間をかけて1から作るのではなく、既にあるものでお客様の要望を満たすことが求められます。例えば食材に〝蒸し鶏〟があったとします。ここにカレー粉を振ればエスニックに、トマトソースをかければ洋風に、ポン酢をかければ和風にと、いくらでも応用を利かせることができます。また、手間をかけ過ぎなくても、たとえば関西弁を話すお客様には白ネギでなく、関西でよく消費される青ネギを使ったり、ご飯に合うおかずを好まれるお客様には塩味を効かせるなど、ささやかな一手間でもお客様に満足していただくことは無理な話ではありません。

新しい概念に対する、ユーザーからのコンセンサスを得る（難易度：★★★★★）

ここまで〝あつらえ〟の説明を読んで、「なんだか難しそうだな」と思われたと思われたかもしれません。確かに〝あつらえ〟が求める能力は低くありません。お客様の要望を聞き出すヒアリング能力や、それを料理に落とし込む調理技術が求められます。

例えば私は先述のとおり、個人でケータリングを請け負ったり、修業時代に6形態の厨房で働くことで調理技術を磨いてきました。ですが、そういった修行がなければ〝あつらえ〟が難しいかというと、そうではありません。〝あつらえ〟は、何でも出てくる魔法ではなく、普通の家庭の台所で日常的に繰り返される会話、「今日何食べたい？」と同程度のサービスだからです。

どんなサービスでも、新規であるうちが一番難しいと思いませんか。そのサービスが理解されコンセンサスが取れるまでに一定の時間が必要だからです。「このくらいの金額・時間でこれくらいの一手間をかけてくれるんだな」というイメージが共有できれば、求められる能力も明らかになり、難易度も下がります。

近隣の飲食店がランチバイキングを始めたとして、『何でもかんでもご馳走が食べ放題なんて素晴らしい！』と前のめりになる人よりも、『ランチのバイキングだったらこんなものかなあ』とある程度予測して対応する人の方が多いと思います。それは、〝バイキング〟という概念が世の中に浸透しているからなのです。

今はまだ世の中に〝あつらえ〟が浸透していないので、〝あつらえ〟を始めようとする方は、周りとのイメージ共有に消耗するかもしれません。「一体何を作ってくれるんだい？」という期待をプレッシャーに感じることもあることでしょう。ですが、人が人と向き合うという今も昔も変わらない在り方で、その方にとって本当に良い物を出し続けていれば、おぼろげながらもそのスタイルが共有されていきます。そしていつしか、あなたのお店だけの『色』が形作られていくのだと思います。

さしいれ
とは？
カウンターに置いてある
飲み物は他のお客様
からの頂き物です
ですので自由に
お飲み頂けます
!?
お店が頂いた物を他の
お客様に振る舞っている
というわけです
わあ
よかったらどうぞ
実は持ち込み
自由
お店に半分を
頂ければOK
販売している
お酒も
ありますが…
(結構良い
お酒です)
定食 900円
晩酌セット 950円
酒一合 800円
ビール
持ち込み料はいくらですか？
取っていません
飲み物無料 持ち込み無料
お店やっていけるの？!

4 さしいれ

カウンターに置いてある飲み物を自由に飲むことができます。未来食堂では飲み物の持ち込みができ、そのかわり持ち込んだ量の半分を頂きます。カウンターに置いてある飲み物は誰かからの頂き物です。ご自由にお飲みください。

〝さしいれ〟のある風景

『自分が飲みたいものは何でも持ち込んでOK。ただし半分は店に寄付』という単純なルールながら、初めて聞いたお客様は戸惑う方がほとんどです。

「半分を寄付ってどういうことですか？」と、よく聞かれます。「例えばビールが2本飲みたかったら4本、日本酒の一升瓶を持ってきて、半分飲んで半分はお店が頂戴したり、アルコールでなくてもコーヒーやジュースを持ってくる方も多いですよ」と説明しています。説明を聞いて腑に落ちたような落ちないような微妙な顔をされるお客様もよくいます。得なのか損なのか、そもそもそれでお店がやっていけるのかなど、いろんなハテナが浮かんでいるのかもしれません。

「それって、残りのお酒はどうなるんですか?」とも聞かれます。「カウンターに置いて隣の人や次の人が飲むことができますよ」と答えると、「なるほど面白い」と楽しまれる方も、「それだったら持ってきたら損じゃないですか」とますます不思議がる方もいらっしゃいます。

損得のカラクリは少し置いておき、実際にどんなものが〝さしいれ〟されているのかを見てみましょう。

よくあるのは日本酒や焼酎のビン。1人では飲みきれないサイズでも未来食堂に持って来れば誰かしらと一緒に空けることができるし、いろんな銘柄を試せるのも楽しいようです。

ランチタイムが終わった後には、置いてある本を読みながらゆっくり過ごしたい方が定食を召し上がった後ホットコーヒーを2カップ買ってきたり、紙パックのジュースを持ってきたりされています。

ちなみに未来食堂のメニューには〈喫茶〉があり、定食を召し上がらずノンアルコールの持ち込みだけ希望される場合は、喫茶の料金を頂くしくみです。ちなみに未来食堂はメニューに〈喫茶〉があるかわりに、コーヒーをお出ししていません。喫茶でお飲み頂けるのはカウンターに用意している麦茶だけ。コーヒーが飲みたいという方には〝さしいれ〟を説明し、お好きな分量のコーヒーをすぐ上の階にあるコンビニなどで買ってきてもらっています。

前は喫茶の注文が入るたびにコーヒーを沸かしていたのですが、よくよく考えてみれば場所代だけ頂き、好きな飲み物は追加で買ってきてもらえばいいと割り切り、以来この形式を取っています。喫茶代は300円（初回は400円）。上階で売っているコンビニコーヒーは100円。コーヒーを一杯飲んで通常の喫茶店の価格くらいになるよう喫茶代を調整しています。300＋100×2＝500円という訳です。実際に喫茶を頼んだ方でコーヒーを買ってくる方は全体の2割くらい。つまり8割の人はどうしてもコーヒーが飲みたいわけではなかったということなので、コーヒーを出さないようにした判断は合理的だと思っています。

余談ですが、〝さしいれ〟の飲み物はすべて手持ちの湯飲みで飲んでいただくルール。洗い物が大変なので特別なグラスは出していないのですが、例えば先ほどのホットコーヒーであれば、湯飲みに人数分分けて入れ、その場にいらっしゃるお客様皆で仲良く分けたりしています。未来食堂で使っている湯飲みは厚手のレトロな物なので、これでコーヒーを飲んだりワインを飲んだりするお客様は、湯呑みで飲むのも新鮮だと笑われたりもします。日本酒はレトロな湯飲みがぴったりで、家で飲んでるみたいだとお客様からの評判も上々です。メーカーの方が開発中のドリンクを持って来られることもあります。男女いろんな年齢の方がいらっしゃるので、「飲みやすい」「甘すぎる」など意見も様々。同じドリンクを片手にしゃべっているとリラックスできるのか話も盛り上がりやすく、堅苦しいインタビューといった感じではなく自然な感想が聞けるのがメーカーの方も嬉しいようです。

飲み物の他にも簡単なおつまみやお菓子程度であれば〝さしいれ〟として持ってきても構わないとお伝えしているので、スナック菓子、おつまみ、自作の漬け物、アイス、果物など、様々な物を頂いています。一度、食材のストックが空っぽになってしまったときは、つまみが欲しいお客様が近くのコンビニに行き、レトルトの総菜パックを買い込んできてくれたこともありました。「コンビニの鯖味噌、なかなかいけるじゃないですか」なんて言い合いながら私もお相伴に預かりました。普段コンビニの総菜を食べたことがなかった私にとって、いろんな種類を一度に食べられたのは貴重な体験でした。

12席しかないお店なので、何名かが〝さしいれ〟を持ってこられるとカウンターの上はすぐに一杯になります。「こちらの日本酒はあちらのお客様からでございます。こちらのワインはあちらのお客様からでございます」とお客様にご案内するも、〝さしいれ〟に初めて出会ったお客様は目を白黒させて「自由に飲んでいいんですか?」とよく驚かれています。「どうぞどうぞ」なんてカウンターの反対側から手を振ってお勧めするお客様も、気をよくしてお酌までしてくださるお客様も。様々です。

〝さしいれ〟のはじまり

〝さしいれ〟は開店前から構想していたシステムではなく、未来食堂が始まってから出来たシステムです。開業した直後から、なぜかはわかりませんが差し入れを持って来てくださるお客様が多く、私はそのお気持ちだけで十分なので、その場で他のお客様にお裾分けすると、プレゼントされたお客様はもちろん、持ってきたお客様も大変喜んでくださいます。その嬉しい循環を見ていて、「この善意をシステム化することはできないだろうか」と考えて出来たのが、「何でも持ち込み自由、ただし持ってきた量の半分をお店に寄付」という〝さしいれ〟です。

個人的な背景になりますが、お店をやるんだと決めた15歳の時から、自分が出すのはバーのような、水商売気の強い店だろうと思っていました。いわゆる食べ物屋をイメージできなかったのは、当時偏食だったことに加えて、サービス業により近いところに自分の店のイメージがあったからだと思います。

その頃から縁あって水商売の世界を覗く機会があり、そこで見るもの1つ1つが中高生だった私には驚きだったのですが、中でも一番衝撃を受けたのは彼らのお金の使い方です。あるお店で、オーナーはじめ従業員やお客が集まり騒いでいた時のこと。寿司屋で働いている常連さんをふざけて呼び寄せるために、その寿司屋に出前を頼んだことがありました。嬉しそうにも困りながら出前を持ってくる板前さん。見たことのない大きな容器にぎっしりと、10人前以上のお寿司が詰まっています。「もう店に戻らないといけないから」と、さんざん引き留められながらも帰っていった板前さんの滞在時間は10分にも満たなかったでしょうか。

さらに衝撃を受けたのは、そのお寿司に誰も手を付けることなく皆で次のお店に向かったことです。今から考えてみれば、片づけもせず店を締めるということはないので、きっと残された裏方のアルバイトさんなどが片づける合間に相伴したかもしれませんが、それでもあの量は尋常ではありませんでした。

水商売、中でも半ばカタギではない彼らは基本的に、奢《おご》り奢られで自分たちのコミュニティの中でお金を落としあう経済モデルなのでしょう。そんな風に、お店や他のお客さんを笑わせるために際限なくザブザブとお金を使うあの感じを、もう少し一般の人でも理解できる形にしたのが〝さしいれ〟の原型です（余談になりますが、そうやって閉ざされたコミュニティ内でお金を使いあう形は、ある意味外貨流出を防ぐ地域通貨のような意味合いもあったのかもしれません）。

半量の差し入れだけで飲み物の持ち込みができるなんて、水商売になじんでいる私からするとずいぶん甘い設計だと思うこともありますが、半量寄付程度がカタギの世界では現実的なのでしょう（ちなみに私が他店に自分が食べたい物を差し入れするときは10倍程度を持って行きます）。

飲み物の持ち込みをOKにした当初は、「持ち込みは可能ですが、他のお客様の分も持ってきてくださいね」とお願いしていました。しかしそうすると、5倍近く持ってこられる方や、一口だけ置いていく方など、人により〝他のお客様の分〟の捉え方がばらついてしまい不公平感を生むので、一律2倍とお願いするようになりました。

〝持ち込み料を頂かずに、その代わり倍量持ってきて頂く〟形も、最初からスムーズに思い浮かんだわけではありません。お店が始まった頃は「お酒は1種類しか置いてないの？」とよく聞かれ、もっといろんな種類が欲しいとリクエストされることがありました。1種類だけ置いている日本酒は、『これだけしか置きませんからどうか発注させてください』と頼み込み仕入れている、都内では貴重な日本酒。あれもこれもと手を伸ばせるほどお酒に詳しくもないですし、ドリンクの種類が増えると、夜のサービスである〝あつらえ〟に手が回らなくなります。「用意できないのであれば持ってきてもらえばいい」。そう思いつくのに時間はかかりませんでしたが、持ち込み料を頂くのはどうも納得いかず行動に移せませんでした。

お客様がお酒を買い未来食堂にやってくるとして、その間お店は何もしていません。お客様が自分のお金で自分の飲み物を買っているだけなのに、「持ち込みは500円頂戴します」と店側がいうのは、なんだか楽してお金をもらっているような〝ずる〟な感じがするのです。

そうは言ってもドリンクで利益を出せないぶん、なんらかの対価を頂かないとやっていけません。〝持ち込み料〟のもやもやを解決するためには、結局そこから数日が必要となりました。結局私が感じた〝ずる〟な気持ちは、言語化してみると、お客様とお店で関係が閉じていることによりお店が〝得〟を独占することに納得が行かずに発生していた感情でした。〝持ち込み料〟は『本来であればお店でドリンクを買うところ、持ってきてすみません』という意味の料金です。言うならば、お客様とお店で〝ドリンクを持ってきて味わう楽しさ〟と〝お金〟を交換しているわけですが、それでは二者間で関係が完結しています。しかしお客様が、そのメリットの対価をお店ではなく他のお客様に払うようにすると、お客様同士で循環が生まれ、閉じた関係ではなくなります。

持ち込みによって生じたお客様の利益を、お店が金銭という形で受け取るのではなく、他のお客様に返す形。それが〝さしいれ〟の本質なのです。「ドリンクを持ってくるお客様と店で注文するお客様の間に不公平が生じるならば、店が関与するのではなくお客様同士で不公平を解決できれば良い」。そう考えて設計した〝さしいれ〟は、端から見ると不思議なシステムかもしれませんが、自分のもやもやを解決した納得のいくものとなりました。

〝得を〟するのは誰？

この〝さしいれ〟、他の人が飲む分も買ってこないといけないので、持ってくる人が損をしているようにも見えます。では、得をするのは誰なのでしょうか。3つの立場に分けて考えてみましょう。

○持ってくる人

一見すると、持ってくる人は損しているように思えます。しかし、だいたいの飲食店は〝飲み物で利益を出す〟構造をしているため、飲み物の原価を5～20％に設定しています。そう考えると、定価の倍で〝さしいれ〟を持ってくる事を原価率50％と見るならば、お得だと言えます。家で1人で飲むことに比べると確かに費用が2倍となり損ですが、飲食店でドリンクを注文することを考えると得なのです。

また、自分が本当に飲みたい物を飲みたい分だけ買えるメリットもあります。例えばビールと比べて発泡酒は安いお酒ですが、「たくさん飲みたいから」といって発泡酒を買い込んでこられるお客様もいらっしゃいます。「コンビニのワインだけどこのメーカーおいしいから」と持ってこられる方も、とっておきの高級日本酒を持って来られる方もいます。好きな物を負担なく持ってこれる納得感は、結果、得だと感じられる一因にもなるのではないでしょうか。

○もらった人

本来であれば飲めるはずのない飲み物が頂けるのですから、もちろん得だと言えます。

○お店

飲み物での儲けはありませんが、持ち出しではないので損もしていません。また、飲み物の在庫を抱える必要がないのもメリットの1つです。特に未来食堂のようなカウンターだけの小さなお店が、飲み物の売り上げを増やそうと種類を取り揃えた場合、あっという間に冷蔵庫が一杯になってしまいます。7・5坪の小さなお店でドリンクを魅力的なレベルまで取り揃えるのは、お酒に力を入れていないとなかなか難しいのです。未来食堂は日替わりで作る定食を本分に考えているので、お酒にスペースを割いて料理が常温保存できる出来合いの総菜などになっては本末転倒です。

何よりも大きなメリットは、『飲み物の持ち込みができる』という口コミ効果と、お金も手間もかけずにお客様へ驚きを提供できることです。これについては後ほどもっと詳しく見てみましょう。

利他的行動が起こしやすくなる秘密

さて、三者のメリットを紹介しましたが、そうは言っても飲み物を持ってくると他のお客様にタダで飲まれてしまうわけだからそんな損なことはしたくない、と思う方もいるかもしれません。自分が飲まない分まで買ってこなくてはいけないので、〝さしいれ〟は、自分の損得を考えると賢くない、間抜けな行動です。自分が持ってくるのではなく誰かが持ってきたものを飲んだ方が得なわけです。ではなぜ未来食堂にはそんな間抜けな事（利他的行動）をされるお客様が多いのでしょうか。

その理由は、お店の立ち位置にあります。人は、自分が一番損していると思うと外れクジをつかまされたような気がして愉快ではありません。なので未来食堂の場合はあえて、お店が一番損をしているように振る舞うことで、利他的行動が起こしやすいよう設計しています。具体的には、例えば一般の飲食店で持ち込みをする場合は、持ち込み料としていくらかをお店に払う必要がありますが、未来食堂の場合は持ち込み料を取っていません。〝さしいれ〟がどれだけあっても金銭的にはお店が儲けないよう気をつけています。

手元の湯飲みで注ぎつ注がれつしていると、「こんなにもらって申し訳ない。次来るときは何か持ってきますよ」とおっしゃる方が大半なのですが、面白いことに、次に飲み物を持ってきてくださっても店側は何も得をしないばかりか、1種類だけおいてある日本酒がオーダーされる確率も減ってしまうことを考えると、お店のますますの〝損〟になってしまうわけです。

「飲み物売らないんじゃお店は儲からないじゃん、変わった店だなあ」と言われ、「おっしゃるとおりです。みなさん好意で持ってきてくれるのですが、持ってきたら持ってきただけ店で用意している日本酒が売れないので、持って来られなくていいですよ」と返していると、お客様もその間抜けなお店の立場に「なんだか面白いお店ですね」と笑われることも多々あります。他人の飲む分まで持って来るという〝間抜け〟な行動を起こしやすくするために、お店が一番間抜けになることが、〝さしいれ〟はじめ利他的行動を起こしやすくする秘密だと考えています。

店側から見た〝さしいれ〟のメリット

先述したとおり、店側にとって〝さしいれ〟の最大のメリットは、『飲み物の持ち込みができる』という口コミ効果と、お金や手間をかけずにお客様へ驚きを提供できることです。また、店に良い〝気〟が流れ、良いお客様に恵まれる効果もあります。店側から見た〝さしいれ〟のメリットついて、順に詳しくお話しましょう。

○口コミ効果

〝さしいれ〟に出会ったお客様は、驚くと共に嬉しくもなるだろうし、ファンになってくださり他の方に未来食堂を勧めることもあるでしょう。つまり、宣伝費用をかけることなく話題になることができます。SNSでも〝さしいれ〟はよく話題になりますし、〝さしいれ〟を主体として新聞に取材されたこともあります。

〝さしいれ〟を体験しに遠方から来られるお客様もいらっしゃいます。未来食堂はオフィス街であり、夜になると人通りはほとんどありません。そんな中で〝さしいれ〟のおかげで遠くからお客様が来て下さるわけですから、ありがたいかぎりです。

飲み物に特色を出そうとしても、『珍しいお酒を取り揃えている』程度では、今のように飲食店がひしめき合っている都心で頭1つ抜け出るのは難しいでしょう。実際に、ごく普通の飲食店に行ってみても、黒ビールや期間限定の日本酒など豊富に取り揃えていることが珍しくありません。そんな風にライバルが多い中、〝さしいれ〟は独特の戦略です。結果、未来食堂は、ドリンクにかける労力はほぼゼロにも関わらずドリンクに魅力がある、トリッキーなお店作りに成功しています。

○驚きの提供

例えば自分が初めて入ったお店で、カウンターの上にワインが置いてあり、「前のお客様からの頂き物です、ご自由にお飲み下さい」と言われたら驚きませんか。『いったいどんな人が置いていったんだろうか』と、どこかの誰かに思いを馳せながら頂く飲み物は、きっと特別に感じられるはずです。その特別さにおいて、飲み物の質は関係ありません。たとえ〝コンビニで買った安いワイン〟であったとしても、特別さが劣ることなく、むしろ、普通の飲食店では出会わないような気取らない飲み物が置いてあるゆえに特別さが増すともいえます。

驚き、中でも見知らぬ誰かからの厚意による驚きは、陳腐な言い方ですが、心の奥底で小さな〝感動〟に繋がっていくと思います。人を喜ばせたり感動させることは大変です。でもこの〝さしいれ〟は、お客様が勝手に他のお客様を感動させてくれるので、店側としては本当にありがたいしくみ。〝さしいれ〟で持ち込み料を取らないのも、このように感動を他のお客様に提供してくださるお礼を兼ねて、といった意味合いもあります。

○店に良い〝気〟が流れる

未来食堂は、お客様からの頂き物であふれることもしばしばです。「他の方にも飲んで欲しいから」と皆様持ってきて下さる頂き物は、見ているだけでこちらも嬉しくなります。いろんなお客様が持ってきたものを交換したり、前のお客様が置いていったものを相伴したりして気ままに過ごしている店内は、単なる飲食店というよりも、お客様がお客様を思い合う良い空間になっている雰囲気があります。だからでしょうか、自分が食べるわけでもないアイスを毎回買って来店されるお客様など、良いお客様にもずいぶん恵まれています。

また、メリットと言うよりも〝特色〟程度ですが、「強いお客様がいなくなる」ということも挙げられます。通常の飲食店の場合、ドリンクをたくさん注文してくださるお客様は金払いのいい〝良いお客様〟です。しかし未来食堂の場合、そもそも日本酒を1種類置いているだけなのでそんなに何杯も注文しづらく、また何杯も注文された方には「今度はお勧めのお酒を持ってきてくださいね。その方が安くお飲みいただけますよ」と〝さしいれ〟をお勧めすらしています。

というのも、お店にお金をたくさん払ってくださるお客様は良いお客様ですが、一方で、『強いお客様』でもあるからです。たくさんお金を払ってくれる〝お得意様〟の意向でお店が振り回されないように、その人たちの方だけ向いていればいいと勘違いしないように、あえて客単価に極端な差が出ないよう気を付けています。未来食堂は誰か1人のためのお店というよりも、1人1人のためのお店でありたいのです。

たくさんお金を払うお客様をあえて減らすのはかなりトリッキーな振る舞いだと思いますので、これに関してはメリットと言うよりも〝特色〟程度にとどめておきます。

〝店に寄付〟と〝他のお客様に寄付〟の違い

〝さしいれ〟は『持ち込んだ量の半分を店側が頂く』形であり、「他のお客様に半分譲っていただきます」とは言っていません。というのも、必ずしも頂いたお酒をお客様に回しているとはかぎらないからです。例えば赤ワインを頂いた時はシチューなどの煮込み料理に使いますし、残った日本酒もよく料理に使います。

あと、ビールを頂いた場合は一度お店の冷蔵庫にしまって、次に来られたお客様に売っています。ビールは缶だろうがビンだろうが一律400円と設定しており、「どうしてこんなにバラバラの形で仕入れてるの？」とお客様から不思議がられることもあるのですが、お察しの通り、未来食堂にあるビールはほぼすべてお客様からの頂き物だからです。

というのも、お客様がビールを注文されるのは来店してすぐのタイミング。「とりあえずビール」というお客様に、「こちらは頂き物でございます」と説明しながらお出しするのはスピード感が合わず、頂くお客様も楽しむというより戸惑ってしまうことのほうが多かったからです。お客様からすると、普通のお店よりも安くビールが飲めると好評なのですが、お店側としても仕入れ0円で売り上げが出ているのですからありがたいことです。

お客様ではなくお店が頂き物を受け取ることについては、もちろん現実的に、その場に他のお客様がいなくて頂いた飲み物を分けられないということもありますが、それ以上に、一度『お店が頂く』形をとることで、店がクッションになるほうがバランスがいいと考えていることが大きな理由です。というのも、〝さしいれ〟に対する私のイメージは、『置いてあるどこかの誰かからの厚意を楽しむ』ものであり『お酒をシェアして皆で仲良くする』ものではないからです。

〝シェア〟と〝さしいれ〟の違い

〝さしいれ〟と〝シェア〟の違いについてもう少しお話ししましょう。〝さしいれ〟を知ったお客様からの反応の多くは「お酒をシェアすることで距離も縮まるし、いいコミュニケーションスペースになりそう」というものなのですが、私自身は〝さしいれ〟に関して〝シェア〟という概念はまったくありませんでした。

また、インターネット上で「見知らぬ人と和気藹々《わきあいあい》と話す高いコミュニケーション能力が求められる店なんて、自分には絶対無理」という反応がちらほらあり、これもまた私にとっては想定外の反応でした。

私自身の〝さしいれ〟のイメージは、前の人が残していった飲み物をドキドキしながらお相伴する感じ。持ってきた人とお相伴に預かる人同士が直接対面するイメージはありません。『飲み物を持ってくることで隣の人と話すきっかけになり仲良くなる』というのは確かに一理ありますが、「このコーヒーを持ってきた方はどんな方だったのだろう」と、その場にいない誰かのことを想像しながら、思いがけない厚意をしみじみ楽しむほうがより上質な時間だと思うのです。

〝シェア〟してその場で話が盛り上がって楽しむというのは、ある種完結した、閉じたコミュニケーションのあり方です。しかし、対面していない無名の誰かから厚意を受けたり、通り過ぎた誰かを思うコミュニケーションは閉じていず、緩やかな螺旋を描くようなあり方に感じます。

〝シェア〟よりも〝さしいれ〟の方がしっくりくるのは、見知らぬ人と和気藹々と盛り上がるというよりも、1人で来てぼーっとしたり、通りがかりの方の親切をちょこっと受けられるようなお店でありたいからかもしれません。

〈さしいれ〉の超・合理的ポイント

贈り主を明示して、周りに伝える（難易度：★★）

〝さしいれ〟をしてくれた方はわざわざ他のお客様のために自分のお金を使ってくださる、とてもありがたい存在です。『持ってきてくれてありがとう』の気持ちは、自分1人で繰り返しお礼を言うというよりも、その場にいる全員でお礼を言う方が、ずっと伝わります。他のお客様に勧める時に「こちらのお客様から頂いた日本酒でございます」などと、贈り主がわかるようにお伝えしましょう。大勢の人に喜んでもらえて嬉しいと感じた方は、また〝さしいれ〟を持ってお店にやって来てくださいます。

利益を出したうえで遊びを入れる（難易度：★★★）

〝さしいれ〟の話を聞いて、『面白そうだな。ウチでもやってみよう』と思われた方もいらっしゃるかもしれません。ただ、〝さしいれ〟は直接の利益を生みません。お客様には楽しんでいただけるシステムではありますが、お店を運営するためには〝さしいれ〟以外で利益を出す必要があります。

未来食堂は売り上げの大半を平日ランチで稼いでいます。効率的なオペレーションで短時間に大勢を応対することで、ランチだけで平均4・5回転をこなし、結果、ランチで1日分の利益を取り切り、〝さしいれ〟のような遊び（直接大きな利益を生まないサービス）を可能にしているのです。

また、1種類だけ置いてあるお酒も、都内では手に入りにくい銘柄であることや、銘柄を伏せていることもあり、そのレア感からか注文率が高く、〝さしいれ〟とバッティングすることなく並び立っています。

持ち込んだほうがお得ではありますが、銘柄が秘密だとかえって飲みたくなりますし、味も間違いありません。1種類に絞ったからこそ気を引くし、回転も早くなるので鮮度も良くなりおいしくなります。だから、〝さしいれ〟とケンカせず、お酒の持ち込みが可能でもお酒が売れるのです。このように、ドリンクを売る場合は〝さしいれ〟と両立するような工夫が求められます。

5 未来食堂らしさ、とは

さて、ここまで〝まかない〟、〝ただめし〟、〝あつらえ〟、〝さしいれ〟と未来食堂の4つのシステムを紹介しました。これらのシステムにはそれぞれ特色がありますが、共通して以下の特徴があります。

①螺旋型コミュニケーション
②1対1コミュニケーション
③懐かしくて新しい形
④その場性善説

これら4つについて、順に見ていきましょう。

①螺旋型コミュニケーション

未来食堂のシステムは、リアルタイムに人と人が出会うというよりも、通り過ぎた人に思いを馳せるような〝螺旋型〟の形をしています。

○まかない

〝まかない〟をする中でお客様とリアルタイムに接することはありますが、基本的にまかないさんが他のまかないさんに会うことはあまりありません。〝まかない〟の枠は基本的に同じ時間帯に1枠だけ（忙しいランチピークだけ2枠用意していますが）。〝まかない〟の終わりの頃に次のまかないさんがやってきて、作業の説明や引継をすることはありますが、接点はその程度。

毎月第2土曜の夜を、〈まかないさんありがとうの日〉（1度でも〝まかない〟をしたことがある人は500円で食べ放題とお得な日）としているので、他のまかないさんに会いたい人はそのタイミングをお勧めしていますが、それだって誰がいるかは来るまでわかりません。ちなみに、まかないさん同士をつなぐコミュニティも作っていません。コミュニティを作ることで閉じた関係になることが主な理由ですが、これについては後で詳しく説明します。

小鉢を盛りつけるまかないさんに「そのピクルスは昨日のまかないさんが作ってくれたも

のだよ」と言ったり、材料を切り込みするまかないさんに「明日のまかないさんと一緒に煮込んどきます」と言うと、まかないさんたちの顔がほころびます。〝どこかの誰か〟につながっていることが嬉しさを感じさせるのかもしれません。

○ただめし

〝ただめし〟の項で説明したとおり、ただめしを発行する側（まかないさん）とただめしを食べる側が直接対面することはありません。ただ、使われたただめし券はバインダーにまとめて店内に置いてあるので、書き留めてあるメッセージを見たり、自分が貼った券がいつ使われたのかを知ることはできます。

○あつらえ

〝あつらえ〟はおかずのオーダーメイドなのでコミュニケーションという観点では特に該当しません。しかし、あつらえた記録はすべて『あつらえノート』に書き店内に掲示しているので、他のお客様があつらえたものを見ることができます。

『あつらえノート』は文字だけで、写真はありません。「こんなあつらえをしました！」と写真があればよりダイレクトに伝わるのでしょうが、1回性を大切にした〝あつらえ〟はあえて写真に残さず、他の方は文章から想像するしかないようにしています。その意味で、『あつらえノート』も螺旋的だと言えるでしょう。

○さしいれ

『さしいれ』の章で説明したとおり、持ち込んだお酒を媒体としてその場のお客様たちが仲良くなる、リアルタイムのコミュニケーションというよりも、誰かが置いていった飲み物をひっそりとお相伴するようなあり方を理想としています。螺旋型サービスの典型例と言えます。

〝螺旋型コミュニケーション〟の理由

私がイメージする〝螺旋型コミュニケーション〟は、誰かに厚意を受けた時、その相手に直接恩を返すのではなく、別の誰かに恩を送る、『恩送り』のような形です。その場にいる人たちでコミュニケーションしあう形は、もちろん楽しいものですが、閉じた関係とも言えます。

今の社会はSNSの発達にともない、人と人との関係性が〝リアルタイムにつながっている〟ことばかりに関心が行きすぎているように感じます。通り過ぎた誰かに思いを馳せるような、例えば昔ながらの伝言板のようなコミュニケーションは、素朴でそれゆえ想像の余白がある豊かなコミュニケーションだと言えるのではないでしょうか。個人的に、ゆるやかに続いていくつながりを尊いと感じる性格なのかもしれません。

②1対1コミュニケーション

未来食堂のコミュニケーションはいつも、特定の誰かや、〝あなた〟をイメージしたもの。マスに向かって呼びかけるような、1対多のあり方を取っていません。

○まかない

毎日いろんなまかないさんが店を訪れますが、まかないさんを集めてコミュニティを作るような考えはありません。〝まかないさんコミュニティ〟を作ってしまうと、1人1人のまかないさんがその中に埋もれてしまうように感じるからです。コミュニティを作ることでイベントの告知などは便利になるかもしれません。ただ、効率が悪くても、もう二度と会えなくても、その場に〝個〟として存在しているからこそ伝えられることがあると思うのです。〝まかない〟をする人たちの、その理由は様々です。それにもかかわらず『まかないをしたから』というくくりだけで皆を束ねてしまうのは1人1人が見えなくなってしまいそうに感じます。また、コミュニティを作ってしまうと関係が連続的になり、他のまかないさんに思いを馳せるような、想像力でつながる螺旋型コミュニケーションのあり方も歪んでしまうでしょう。

○ただめし

〝ただめし〟の項でお話ししたとおり、貼ってある〝ただめし券〟は〝あなた〟に向けたもの。善意を見せびらかして宣伝するためのものではないので、例えば貼ってある枚数も多くなりすぎないように気をつけています。

○あつらえ

その人の好みに応じておかずをオーダーメイドする〝あつらえ〟はまさに1対1コミュニケーションの典型例だと言えます。「普通はこういう味付けですよ」と多数派の好みを押しつけるのではなく、そのお客様が良いと思うものを共に作り上げていくあり方だからです。

○さしいれ

前の人が残していった飲み物を次の人がひっそりと飲むだけであり、「○○様から××を頂戴しました！」というような発言をSNSなどのインターネット上に公開することはありません。万人に向けて見せびらかすようなあり方はふさわしくないと考えているからです。

〝1対1コミュニケーション〟の理由

マスに向かって宣伝をして、ファンを束ねて〝コミュニティ〟を作る。そういったあり方は1人1人、なかでも〝あなた〟が埋もれてしまいませんか。私はそんな風に〝あなた〟をタグ付けしたり、グルーピングしたくないのです。

例えばフェイスブックなどのSNSも、〝集客ツール〟と思ったことはありません。紙面やインターネット上で不特定多数に発信するときは、マスに向かってというよりも、〝今は離れてしまっているけれど、仲の良い友人〟に宛てる手紙のようなイメージで文面を書いています。ただ〝わたし〟と〝あなた〟がいる。そのミニマムな関係を、どこまでも大事にしていきたいのです。

③懐かしくて新しい形

未来食堂のシステムはどれも、「今まで見たことがない」と新しがられますが、同時に、昔あったような形だともよく言われます。お金の代わりに働いて1食を得たり、持ち寄ったお酒を飲み交わしたり、ちょっとしたわがままを聞いてくれる姿がレトロさを感じさせるのでしょう。

〝懐かしくて新しい形〟の理由

未来食堂はあえてレトロな形をめざしているわけではありません。また、あえて目新しいことをめざしているわけでもありません。人と人とが螺旋型に向き合う形、マスではなく〝あなた〟に語りかけるあり方、そういった理想を紐解いていった結果、今の形になっただけであり、奇をてらったことをしているつもりはありません。昔の形をめざしていたというよりも、結果的にそうなったというだけなのです。

よく、メディアで取り上げられるたびに「〝まかない〟だの〝あつらえ〟だの、こんなの昔の飲食店がやっていたことじゃん。何が『新しい飲食店』なんだか」と批判される方が一定数いらっしゃいますが、まさにそのとおりで、前述のように未来食堂のあり方は『昔の飲食店がやっていたこと』です。

どこにでもあるもの、あったものの焼き直しであることに負い目はありません。逆に、例えば無重力の中でコーヒーが飲める〈無重力カフェ〉のような、一時のウケを狙っただけで中身のないコンセプトは、今の時代、すぐに陳腐化してしまうのではないでしょうか。

ただし、昔の形そのままという訳ではありません。例えば〝まかない〟では、50分で1食、と対価を明確化したり、参加する前に必ず読んでもらう『まかないガイド』を準備したり、それをインターネット上で公開してどこにいても読めるようにしたりといったしくみ作りをしています。昔からなんとなくあった既存の概念の見方を少し変え、現代の考え方や感覚にフィットする形に再構築したものが、未来食堂のシステムと言えるでしょう。

実はこの〝再構築〟という考え方は、現代美術家である村上隆さんの考えから学んだもの。村上さんはご自身の著作『芸術起業論』（幻冬舎）でこう書いています。

日本のサブカル的な芸術の文脈をルール内で構築し直し、認めさせる。
これが欧米の美術の世界で生き残るためのぼくの戦略でした。

アートという独創性が高い分野でトッププレーヤーの村上さんが、自分のやっていることは再構築に過ぎないと言い切るこの自己分析に、私は衝撃を受けました。欧米のアート業界では特に『決まりをふまえたうえで斬新なイメージを見せること』が優良な芸術作品だと村上さんは言います。今までに存在する文脈を理解した上で、作ったものの新しさを解説できることが必要なわけです。

未来食堂の「新しさ」はまさにこれと同じです。完全なオリジナリティがあるわけではありません。ただし、既存を問い直し再構築する目線は厳しく、〝なんとなく〟で考察が済んでいるものはほとんどありません。例えば〝まかない〟1つとっても、常連だけでお店を助けあう閉鎖的な仕組みにならないよう、どうやったら誰でも参加できるかをわかりやすく開示し門戸を広げています。

④その場性善説

未来食堂のシステムは〝性善説〟がベースだとよく言われますが、私が心がけているのは〝その場性善説〟。人間は聖人君子ではありません。常に善人であることは難しいことです。ですから、〝少なくとも未来食堂にいる間だけは〟善人であってほしい。つまり、善人になりやすいように環境を整えるのが、それをベースにシステムを設計した自分の役目だと思っています。順に見ていきましょう。

○まかない

誰でもお店のお手伝いができる〝まかない〟は、まさに性善説の典型例と言えます。人を信じていないとできないシステムです。「悪いことするまかないさんって今までいないんですか？」とも聞かれるのですが、いくつかの工夫をすることで悪意に対するハードルを上げています。

・1度以上の来店が必要&申し込みは店頭で

悪事をたくらむ側にとって、『まず店に行かねばならず、対面で申し込まないといけない』

のは面倒臭いしくみです。この段階で悪ふざけなどはコストに見合わないと判断されるでしょう。

・名前で呼ぶ&身元確認を行う

〝自分が見られている、自分のことがばれている〟ことは悪事をたくらむ足枷となります。〝まかない〟の間はなるべく名前で呼ぶことで、距離を縮めると共に、悪いことをしづらくしています。悪人であることのコストを上げることによって善人になってもらうモデルだと言えます。

もちろんこういった取り組みがあってもトラブルが起こることはあり得るでしょう。しかし、例えばレジのお金が1万円盗まれたとして、その事象が続けば回避策を作れますし、〝まかない〟のメリットやその目的を天秤に掛けると、そちらのほうが盗まれた金額よりも価値があるのです。盲目的に人を信じているというよりも、一度程度のトラブルであればペイできると考える合理性も大きいのかもしれません。

○ただめし

善を促すのですから、貼る側への働きかけが重要です。「自分の食べる1食を残していくなんて、そんな善い人がいるのですか」ともよく聞かれますが、〝ノリ〟で貼れるような気楽なネーミング：〝ただめし〟と、50分で1枚貼れるという気軽さが、ただめし券を貼りやすくしています。善行のコストを下げることにより善人になってもらうモデルだと言えます。

○さしいれ

無償で他人の飲み物を買ってくるのですから善人そのもの。〝さしいれ〟の項でも書きましたが、『持ち込み料を取らないことでお店が一番損をする』『2倍持ち込みとルールを明確化する』ことで善行が起こりやすくなるよう設計しています。店側が善行コストを負担することで善人になりやすくなるモデルだと言えます。

〝その場性善説〟の理由

「お客様は善人だ」と思って運営するのと、「お客様は悪人だ」と思って運営するのでは、間違いなく前者のほうが居心地の良いお店になるでしょう。その意味でお客様を信じて運営するのは自明と言えます。ただ、未来食堂が純朴にお客様の善性だけを期待するようなありかたでないのは、中学生の時のある出来事が大きく影を落としています。

中学3年のある日、1人で喫茶店に足を踏み入れた私は、自分が〝家の自分〟でも〝学校の自分〟でもない自由な空間に衝撃を受け、こんな空間が学校にも欲しいと、教室の後ろ側に無料コーヒースタンドを作ったのです（ちなみにこの喫茶店との出会いは「こんなお店をやるんだ」と決意した瞬間でもありました）。電気ポットとインスタントコーヒーやココアを置き、飲んだ分のお金をカンパしてもらう貯金箱も一緒に置いていたのですが、悲しいことに、飲み物が空になっても貯金箱には全然お金が貯まっていなかったのです。

今から考えると、誰が悪いという話ではなくて、「XXがYY円です」と仕組みを作っていなかったこちらにも不手際がありました。ただ、『善意で回るシステムは難しいのだな』と、その時強く実感したのです。

善人であることを強要しすぎると、誰も来れないお店になってしまいます（少なくとも私は行き辛く感じてしまうでしょう）。ただ、〝ちょっとしたイイコト〟は（そんなにコストを払わなくてもいいのなら）誰もがしたいと思っているのです。未来食堂はそこに目をつけ、この店の中でだけは善人でいられるよう、ちょっとした善行が行えるよう、いろんな仕掛けでサポートしているのです。

第3章

見たことがないものを生み出す力

アイデアが現実になるまでの流れ

さて、前章までは未来食堂のシステムやしくみそのものについてお話してきましたが、ここでは少し視点をメタ的にし、私の経験を例に取りながら、思いついたアイデアを実際に形にするためにはどうしていけばいいかを見ていきましょう。

アイデアが実現に至るまでの流れは、私の場合大体このような流れに沿っています。

①-A 息苦しさを見つめ続ける　or　①-B 情景をものすごく細かく想像する

←

②〝1枚の絵〟がひらめく

←

③現実に落としこむ（定石編）

④現実に落としこむ（独自編）←

アイデアの現実的な落とし込みについては、たとえば経営上の資金計画など絶対に必要不可欠な内容についてはは「定石編」、実現が難しそうなアイデアを落とし込む方法は「独自編」と2つに分けました。

具体的なイメージをつかんでほしいので、例として未来食堂を中心にお話しますが、なるべく他の方の例や、ある程度の抽象化も交えてお話していきます（他の方の事例は、実際とは若干内容を変えています）。

①-A 息苦しさを見つめ続ける

いきなり出てきた〝息苦しさ〟という言葉の重さに、驚かれたかもしれません。しかし、世の中の事象を切り分け「XXXが問題だから解決しよう」と理論的に問題点を見つけるよりも、自分自身が絶対に嫌だと思うことを掘り下げていくほうが、思いの強い、ブレないものが出来上がっていくと思います。

未来食堂はよくある飲食店開業動機『このおいしい○○を皆様に食べてほしい』からは始

まっていません。むしろ、偏食だった私には、飲食店から発せられるそういったおいしさの押しつけアピールが過剰に思え、お店に入っても、ずらりと料理名が並ぶメニューにすっかり食欲をなくすことも少なからずありました。

小さい頃から穀物や塩味だけの麵類を好んで食べていたこともあり、親からは「修行僧みたいな食事だ」と笑われていたくらいだったので、世の中とうまくチャンネルが合っていなかったのかもしれません。「世間にはグルメ情報があふれかえり、おいしいものがぎゅうぎゅうにひしめき合っていて、みんなそれを楽しんでいるのに、どうして自分はこんなに息苦しいのだろう」と思い悩んだこともありました。

そこから、もし短絡的に私が「自分の好きな穀物や塩味の物しか出さない食堂を作ろう」と思ったとしても、おそらくそれを好む人は少なく、独りよがりのお店になっていたでしょう。

そうではなく、自分の息苦しさの原因を「おいしさをアピールされ続けるだけでは、こちらが思うおいしさを無視されているような感じ」ゆえだと掘り下げた結果、「お客様の〝おいしさ〟を大切にする、オーダーメイドのできるお店」がひらめいたのです。

個々人の感じる疑問点や息苦しさ、『もっとこうだったらいいのに』は様々ですが、その違和感を近視眼的に見て新しいものを作るのではなく、違和感を掘り下げ続けると、より普遍的な問題に対する解決策に発展するかもしれません。そしてそのほうが、多くのお客様に支えていただけるのですから、ビジネスとして成功しやすいのではないでしょうか。

○既存の〝いいね〟を模倣する盆栽型発想

しかし、『普遍的な問題に対する解決策』と言ったときに、1つだけ個人的に残念だと思っていることがあります。それは『世間で〝良い〟と思われる振る舞いをパッチワーク的に縫い合わせただけのアイデア』をあまりによく目にすることです。

未来食堂では、新しいビジネスを考える人が訪れ、そのプランに対して「どう思いますか？」と私が意見を求められることもよくあります。

しかし、ご本人達にもお伝えしているのですが、聞いたことのない面白いプランはほとんどありません。98％くらいはどこかで聞いたことのある案ばかり。例えば「私たちの町にお年寄りから子供まで集まれるような〈地域カフェ〉を作ります」といったようなものです。

断っておきますが、これらの案自体が良いか悪いかをお伝えしたいのではありません。ただ、ワクワクして記憶に残るほど面白いプランなのかという点において、否であり、個人的にワクワクしないものは興味も湧かず意見も特に思いつきません。

当初は、なぜこういった面白くない似通ったアイデアばかり持ってこられるのか不思議だったのですが、考えてみるに、『世間で〝良い〟と思われる振る舞いをパッチワーク的に縫い合わせただけのアイデア』に過ぎないからではないかと思うようになりました。似通った

〝良い〟の中のわずかな差異をアピールすることに、私がさほど興味を示さない性格だったこともあるかもしれません。

世の中には〝良い〟と言われる考え方や振る舞いがあります。「老人が集まれるのは良い」「子供が集まれるのは良い」「地域活性化は良い」「みんなが集まれるコミュニティは良い」。いわゆる時代の空気といったものでしょうか。そういう、世間の風潮や空気で認められている〝良いもの〟を組み合わせて発想するのは、たとえると〝良いもの〟だけを集めた盆栽の鉢の中でアイデアを練っている状態に思えるのです。そういった盆栽型発想では盆栽の鉢を飛び出ることはありません。

本当に世の中にとって見たことのないもの、ワクワクするものを考えたいのであれば、既存の〝良い〟に振り回されてはいけません。もちろん先ほどの〈地域カフェ〉をやるなという意味ではありません。ただその〈地域カフェ〉は、そのアイデアを持ってきた人の強い思いや個性がどこにも見えない、のっぺらぼうのアイデアに感じられるのです。100人中100人が「そういうのいい感じだよね」と共感できる既視感のあるアイデアを、なぜ〝あなたが〟実行しなければいけないのでしょうか。誰からも褒められるアイデアは危険です。なぜならそのアイデアは、誰もが想像できるレベルの範疇にしか留まっていないということだからです。

『なぜ自分が〈地域カフェ〉をやりたいのか』を徹底的に深堀りしていけば、あなただけの色が必ず見えてくるはずです。そしてそれは既存の善悪とは関係ないごく個人的な色をしていることでしょう。「世間がどうであろうとも絶対にこの○○は必要なんだ！」と、先述した〝息苦しさ〟を解決するレベルまで突き詰めたアイデアを、残念ながら私は見たことがありません。「世の中ではXXが問題で、この問題に関してYYという手段が〝良い〟と言われているからこれで行こう」というレベルに留まっているようにしか見えないのです（先ほどから例に出している地域カフェでは、〝核家族化〟が問題で〝皆が集まれる地域カフェ〟が手段です）。

また「私たちの町にお年寄りから子供まで集まれるような地域カフェを作ります」という、誰からも突っ込まれない〝良い〟コンセプトだからでしょうか、具体的なイメージを1つも練り上げることなく、ただ上記のお題目（コンセプト）だけ繰り返す方が多いのです。結果、話を聞いていても身を乗り出して聞きたくなるようなことがほとんどありません（この〝具体的なイメージ〟については後ほど詳しくお話しします）。

今の世の中は「老人が集まれるのは良い」「子供が集まれるのは良い」「地域活性化は良い」「みんなが集まれるコミュニティは良い」という空気が流れていますが、はたしてこれらの価値観がすべてひっくり返ったとしても〈地域カフェ〉を続けていけますか？　いつしか世の中の空気が変わり、『老人や子どもを一同に集めた〝良くない〟団体』と思われても続けられますか？　〝良い〟を縫い合わせたアイデアはいつしか〝良い〟を集めて賞賛されることに目的がすり替わりはしませんか？「こういうのは〝良くないこと〟になったんだ。じゃあやめよう」ではなく、この世のすべてが反対していても絶対に守り通したいことはなんですか？

それを突き詰めることなく『普遍的な問題』を解決しようと、先ほどから繰り返している〝良い〟のパッチワークを行うだけでは、決してあるレベル以上の衝撃を人に与えることはできないでしょう。

未来食堂の〝ただめし〟を例にとって考えてみましょう。持たざる物に対する施しという意味では〝良い〟アイデアです。ただ、「困っている人に1食をプレゼントするのは良いことだからやろう」というレベルで考えていたとしたら、例えば世の中の空気が「弱者は自己責任。助けることはその人のためにならない」といったものに傾いた時、「じゃあやめよう」と〝ただめし〟の運用をやめないともかぎりません。

世間の空気が傾いたとしても〝ただめし〟を続けようとする私の意思は、ある〝1枚の絵〟に依っています。絶対に守り通したいことを考え続けると、浮かび上がる〝絵〟。次はこれを詳しく見ていきましょう。

①-B 情景をものすごく細かく想像する

「息苦しさを見つめ続ける」とは言っても、そういう何でもアリな発想が許される場合だけではなく、決められた条件下でアイデアをひねり出さねばならないケースも多いことでしょう(例えば『この空き家をどうしよう』『自分たちの持っているXXという技術を世に広めたい』など)。

実際にそういう会議に何度か参加させていただき、いつもお伝えしているのは〝情景をものすごく細かく想像する〟ということです。

例えば「子どもたちが集まれる場所にしたい」という発言に対して、「子どもたちって何人ですか？」「このスペースだと5人くらいですかね？」「男の子？　女の子？」「男子3人に女子2人でいいですか？」「歳は？」「小学校の下校時でいいですか？」「名前は？」「ランドセルの色は？」と畳みかけるように聞いていきます。〝これだ〟と思う1枚の絵を一緒に作っていくような感覚です。

特に名前付けは基本中の基本で、「じゃあここでおばあさんが、竹本さんが、掲示板にメモを貼って、それを近隣のXX大学の田中君が見るとして……」といちいち想像を喚起できるように持って行きます。そうするといろんなことに気づけるのですね。

「竹本さん、わざわざ掲示板にメモ張るのしんどそうだな」とか、「だったら田中君が見に行けばいい」とか。

情景を想像することは、アイデア出しだけではなく、具体的な1歩を決めるときも非常に役に立ちます。例えば飲食店新規オープンに先駆けた図面レビューやオペレーションレビューで私がやっているのも、この〝ものすごく細かい想像〟。1日や特定の時間を実際になぞっていくのです。「朝が来ました、と。仕入れはどうするんですか？　市場に買いに行くんですか？　配送ですか？　配送はいつですか？」「（食材の入った）段ボールを持って入店ですよね？」「ドアを開けました。まず電気をつけないと。スイッチはどこですか？　荷物はどこに置きますか？」「ガスの元栓を開けて、、何からしますか？　お茶ですか。ではお茶を沸かしましょう。やかんはどこですか？」とやっていきます。大体このあたりでみなさん、やかんを買っていないことに気がつきます（笑）。

アイデアというと漠然としすぎて、頭がぼんやりしてくる方も多いと思います（私もそうです）。そういうときこそ、ものすごく細かく、利用する人の名前、その人がそこに来るまで何をしていたか、どういう性格か、季節、時間、天気……。いろいろな要素を具体的にすることで、ぼんやりしていたイメージがはっきりと〝絵〟になって浮き立つことがあります。

②〝1枚の絵〟がひらめく

徹底的に自分のイメージを掘り下げ、実現したいことがイメージできれば、自ずとそこから生まれてくる成果物は、あなたの色がきちんと付いた個性あるものになります。そしてそれは、私の場合、具体的なシーンを起こした〝1枚の絵〟となって脳裏に浮かび上がってきます。

先ほどの〝ただめし〟を支えるイメージは、ある1つの想像です。

――未来食堂のドアの前、玄関マットの上で立ち止まり、もじもじとして入りづらそうなお客様。やがて、「いろいろあってお金がなくなってしまって、でもごはんが食べたくて未来食堂にやってきました」と口を開きました――

私は、そうやってやってきた人を追い返すことはできません。世の中にどう言われようが絶対に追い返したくありません。無限に人を救うことはできないかもしれませんが、少なくともその1食は差し出したいのです。

この絵が土台となって〝ただめし〟が出来上がっていったので、世の中で〝良いことだ〟と思われることに意識が向いていないのです。それゆえに世の中の価値判断から自由でいられるのでしょう。名前も〝ただめし〟という、道徳的に訴求しないフラットなものになっています。

以前、未来食堂にアイデアを持ってこられた方の中に、『ランチの価格帯を500円、800円の2種類にしたい』と計画する飲食店開業志望の方がいました。普通に考えるとランチ500円は安すぎます。普通と違うということはそこが弱点になり得るということです。話を聞いても、薄利多売を目指せるほどオペレーションを練り上げているようにも思えませんでした。「500円は止めて800円メニューに一本化した方が良いのではないか」との私の指摘に、その方は「いろんな人に来てほしいから、どうしてもランチに500円メニューを作りたい」と答えたのです。

きっとその方は、色んな方がお店に集う〝絵〟が描けていたのでしょう。そしてそこに留まらず、500円というギリギリで具体的な値段設定によってさらに色濃い絵を描いていたのだと思います。「ならやったほうがいいね」と、私もそこから反論することはありませんでした。〝絶対に実現したい絵〟があるのなら、それを最大限、大事にするべきです。500円のランチは無理ではなく、無理のない範囲で500円ランチを実現すればいいのです。

こういった、〝あなた〟が見える個性あるアイデアを、私が絶対無理だと否定することはありません。やる方向で考えれば何かしら道が見えてくるからです。

○イメージ先行のトップダウン型／理論ありきのボトムアップ型

たまに「どうやってそういうアイデアを思いつくんですか」と聞かれることがありますが、私の場合はまず、〝どうしても実現したい絵〟が頭のなかでパッと思い浮かび、それを実現可能な形に落とし込んでいく方法でいろいろなものを作り出している、とお話ししています。

先ほど例に挙げた〝ただめし〟も、『以前のお客様が入口までやってきてしょぼんと立ちすくんでいる』、その絵が思い浮かび、ならどうしようと考え、〝まかない〟と複合させることで無理のない現実可能な形に落とし込み完成したシステムです。

未来食堂自体もそうです。全体のイメージではないのですが、真っ直ぐなカウンターがあって、そのカウンターの途中に1人の人が座っている。いわゆる背もたれのないバーチェアに座っている1人の人。斜め後ろからなので性別や顔はわかりません。焦げ茶の木のカウンター。ちょっと暗めの照明。その人は楽しそうに活発にしているというよりも、すこし寄る辺なく座っているような感じ。


これが未来食堂の『どうしても実現したい絵』。

現実問題、未来食堂は食堂ですので、座り心地の不安定なバーチェアではなくて背もたれ付きの堂々とした椅子になったり、真っ直ぐなカウンターではなく〝コの字〟だったりと変更はありますが、『一人の人が座っていて、ちょっと寄る辺ない感じだけどここでは少し存在してくれている感じ』は、やはり今も自分が実現したいイメージとして変わらずにあります（おそらく〝ちょっと寄る辺ない感じ〟が座り心地の不安定なバーチェアに具現化されているのでしょう）。照明の感じやカウンターの質感、流れている空気もはっきりとイメージできます。

ここまで具体的に絵が描けていたので、会社を辞めた時や修行で辛い時も「絶対に未来食堂を作るんだ！」と、気持ちを揺らすことなくいられたのだと思います。たとえばその思い込みは、会社を辞めた時からブログ『未来食堂日記』をスタートし「いつか神保町に未来食堂を開きます」と言い続けていたことにも表れているかもしれません。

「ちょっと待って下さい、絵が描けたと言ってもビジネスモデルがまったく見えていないレベルじゃないですか。これで描けたというんですか」と思った方もいるかもしれません。確かにここまででお伝えしているのはただの〝絵〟。自分の心に焼き付くような1枚の映像であり、それをどう実現に落とし込んでいくかは後ほどの作業となります。

ところで、実現させたい絵がまずありそれを落とし込んでいく、私のようなトップダウン型アプローチと反対に、戦略がまずあり、そこから形を作っていくボトムアップ型アプローチも存在します。それが「今の世の中はXXXが問題だからYYYを作れば上手くいくに違いない」という発想法です。例えば飲食店であれば「今この地域ではエキゾチックな料理が流行っているのにトルコ料理屋がない。だからトルコ料理屋を作ればいい」といった考え方です。

この2タイプのどちらが優れているかといった論争は意味がありません。どちらにも短所があることでしょう。ただ、ボトムアップ型アプローチで気をつけないといけないのは、先述した『盆栽型発想』に陥りがちだということです。

未来食堂にアイデアを持ってくる人のほとんどがボトムアップ型アプローチです。既存の枠の中で良さそうな方法を選択し積み上げたとしても、それだけではすでにある何かの相似形に留まってしまいます。

目新しいものだから良いというわけではありませんが、枠を離れた新天地で発想の〝種〟をまかないと、枠から出ることは難しいでしょう。良さそうな言葉や戦略を積み上げていっても、聞いてる人に何のイメージも喚起させられなければ、それはただのお題目になってしまいます。

確かに未来食堂の場合も「既存の飲食店の『おいしさの押し付け』が問題で、だから『おかずのオーダーメイド』を提案します」とボトムアップ型アプローチの体も取っているので、明確にこの2つを分けることは難しいのかもしれません。

ただ、最初はボトムアップ型から始まっても、少しの飛躍によって1枚の〝絵〟が思いつくくらい考え続けることで、既存の枠を超えたあなたらしい発想が生まれるのではないでしょうか。


少し抽象的になったので、ここでトップダウン型のAさんとボトムアップ型のBさんの例を出して、もう少し考えてみましょう。

例えばある日、『紫色の服を着たおばあちゃんが町にいっぱいいる』絵がパッと思い浮かび、そこから洋服販売のプランを練り始めるAさん。Aさんは自身を掘り下げてみるに、『高齢者だからといって地味な服を着るのではなくもっと洋服を楽しんでほしい』という思いがあることに気が付きました。おそらくAさんは、例えば同じセーターでも派手な色は〝派手色割引〟を作ったり、〝赤色部〟〝金色部〟なんて好きな色でコミュニティを作ってお客様同士を盛り上げたり、なんて発想がどんどん湧き出てくるでしょう。

対してBさん。高齢者の元気が無いことが気になり、元気になる洋服を打ち出そうとします。きっと様々な色の洋服が並ぶことでしょう。内装も元気が出るような感じになるのでしょう。ただ、あなたがAさんBさんから話を聞いて、パッと気を引くのはどちらでしょうか。おそらくAさんなのではないでしょうか。

「ちょっと待った。Bさんだってもっと掘り下げていけばAさんと同じくらい発想が湧くかもしれないだろ」と思われた方もいるかもしれません。

確かに、どんなスタートであれ結果同じ所やもっと良い所にたどり着くこともあるでしょう。ただ、実際に私がいろんな人のアイデアを聞いていると、BさんはBさんのままでいることがほとんどなのです。実際にあった例を挙げてみましょう。

ある日、「〝おもてなしの心〟を大切にした惣菜屋をやります」とおっしゃった方がいました。しかし、HPにある内装や料理の写真を拝見しても、ごく普通の店舗で特色がありません。「全然〝おもてなしの心〟が伝わらない、ごく普通のテイクアウト店にしか見えないけれど、一体〝おもてなしの心〟って何なのですか?」と尋ねると、「普段の家事では毎日食事を作って大変だから〝おもてなしの心〟まで行き届かないだろうなと思って、だから〝おもてなしの心〟があると良いと思いました」とのお返事。

確かにその内容自体は正しいのでしょう。ただ、そこからまったく深掘りしていないので〝おもてなしの心〟がイメージできず、結果として何の変哲もないただのテイクアウト店にしか見えなかったのです。「〝おもてなしの心〟が伝わるはずだ」と本人は思うかもしれませんが、伝わりません。形にしないと伝わりません。形にせず言語化しただけで満足していては、いつまでたってもBさんはBさんのままでしょう。

③現実に落とし込む（定石編）

しかし「絵が描けたと言ってもビジネスモデルがまったく見えていないレベルではないか」との指摘はそのとおりで、このままでは単なる〝絵に描いた餅〟。具体的にどう実現させていくのかを考える必要があります。描いた絵が実現不可能そうだからといって諦めることはありません。そこから「ならどうしよう」と具体的に考えていけばいいのです。

未来食堂を例にとって考えてみましょう。未来食堂の場合は飲食店なので立地と大きさが重要な要素になります。

○立地

店主である私の蔵書を置いて楽しさが伝わり、かつ、ランチタイムで集客が見込める神保町（＝日本最大の古書店街）。

○大きさ

〝あつらえ〟という、現在の飲食店にはまだない試みをするので、まずは人を雇わず自分で手が回る最大限の大きさ＝8坪程度を希望し大体の賃料を割り出しました。また、一般に言われている飲食店の大体の目安『原価3割』に沿ってその他必要経費も割り出せます。あとはそこから何人のお客様に来ていただければいいのかを考えれば良いのです。

ただ、例えば20人来てほしいとして、なぜその20人は他でもないあなたの店を選ぶのかをきちんとイメージできなければいけません。実際にあった話ですが「1日20人欲しいんです」という方に対して、「その20人はなぜあなたの店に来ようと思うんですか？」と聞いても、答えをもらえないことがありました。経営面から目標数字は出せますが、やはりここでも1人1人をイメージして、なぜ来てくれるのかを考えないと、お客様の事を考えているとは言い難いと思います。

さて、このように業態さえ決まれば、1日あたり必要な経費を割り出しそこから必要な売上高も予測することができます。この手法はいわば〝定石〟。商売をするうえで無視できない方法です。しかし今この本で考えたいのは、〝実現が難しそうなアイデアを実現させる方法〟

であり、こういった既存の方法では割り出せないところです。このあたりは次項『現実に落としこむ（独自編）』に分けて見ていきましょう。

④現実に落としこむ（独自編）

経営面での目標数字が明らかになったとして、実現したいアイデアと目標数字とのギャップに苦しむこともあるかもしれません。また数字以外にも、誰もやったことのないアイデアを形にすることの難しさを感じるかもしれません。

少し精神論になりますが、このような局面で大事な考え方が2つあります。

①やる方向で考える
②あるもので無理なく

具体例を交えながら順に見ていきましょう。

①やる方向で考える

例えば未来食堂の場合は〝あつらえ〟という1人1人に合わせたおかずのオーダーメイドをしたいと考えていましたが、ずっとオーダーメイドを受けていては対処できる人数に上限がありますので、目標とする売上数字に届きません。こういった場合いくつかの対処法が考えられます。

・客単価、特にあつらえ単価を上げる
・あつらえの数に制限を設ける（一日限定XX人など）
・他で利益を出す

未来食堂がとった戦略は3つめ。昼間はランチで目一杯利益を出して、夜に時間のかかる〝あつらえ〟ができる体力を残しておけばいいと算段をつけたのです。『〝あつらえ〟なんて手間のかかるサービスを、高級店ではない定食屋がやるなんて無理でしょ』とよく言われましたが違うのです。やると決めて、実現できる形に落とし込めば良いのです。ただ、「昼間はランチで目一杯利益を出す」と言っても先述のとおり、このままではお客様のことがまったく考えられておらず現実味がありません。どうすれば〝目一杯のお客様〟が来てくれるかを、またトップダウン方式で落とし込んでいきます。

例えば、『旨い、早い、安い』で人は来ます。だったらこれを極限まで突き詰めればいいのです。『極限まで旨い』は、おいしさというのは主観的なものだから不可能。それに、おいしさをお客様に合わせる未来食堂のあり方にもマッチしていません。『極限まで早い』は可能。『極限まで安い』は規模の経済が効いてくるから無理。そう考えて、徹底的に効率的な形態にしようと決めたのです。

これは一例ですが、他にも『毎日メニューが変われば毎日人は来てくれる』はずだから毎日日替わりを実現させるなど、いろんな取り組みを元に『昼間はランチで目一杯利益を出す』

を実現させ、結果的に『〝あつらえ〟のある定食屋』を実現させているのです。

アイデアを形にするうえで、「やる方向で考える」ことは非常に大事です。「できる」「できない」で考えていたら、できません。たとえば未来食堂の〝まかない〟（誰でも50分のお手伝いで1食サービス）を取ってみても、〝まかない〟の項で書いたように決して楽ではなくいろいろな面倒臭いことがあるわけです。でも、やる方向（やめない方向）で考えていたからこそ見えてきた解決策もあります。

誰もやったことのないアイデアを形にするということは、誰もやっていないゆえに普通とは違うわけで、イコールそれは弱点にも成り得ます。先ほどの500円ランチメニューもいい例です。普通に考えたらランチ単価を下げる行為は危険なわけです。だからきっと、「やらない」理由は幾らでも思いつくでしょう。でも「やらない」と決めるのはぎりぎりまで待ってみませんか。あなたのアイデアを形にできるのはあなたしかいないのです。

断っておきますが、私は『誰もやっていないゆえに価値がある』という考え方はしません。目新しさだけのアイデアに興味はありません。ただ私が応援したいのは、あなたの〝絵〟。「どうしても○○が必要なんだ」と強く思う気持ちを、無下にはできないのです。

②あるもので無理なく

「やる」と決めたとしても、無理なことは無理です。そこで大事になってくるのが「あるもので無理なく」という考え方です。例えば〝あつらえ〟も、〝あつらえ〟用に食材を買うなどわざわざ負担のあることはしていません。あるもので無理なく〝あつらえ〟というサービスを生み出しているだけなのです。〝まかない〟の戦力もそうです。ずっと雇っている従業員ではないですし、まったく不慣れな方かもしれません。でもそうであれば、例えば床を拭いてもらえばいいのです。ランチピーク中に初めて不慣れな方がやって来るなどタイミングが悪い時もあります。細かな指示を出すのが無理なのであれば、布巾を渡して壁や床を拭いておいてもらえばいいのです（さっきから床を拭いてばかりいますが、厨房内の掃除はそれくらい大事なことなのです）。

よく〝まかない〟の話をすると「忙しいときに指示を出すなんて余計大変じゃないですか？」と聞かれますが、それは違うのです。大変ではない指示を出せばいいのです。あるものを完璧に使いこなそうとしたり、完璧にしようと余計にリソースを用意すると、負担がますます大きくなっていきます。

また、無理をして〝完璧〟を目指したとして、それは本当にお客様が望むものでしょうか？

例えば未来食堂の〝あつらえ〟は、いつも冷蔵庫にある食材15個程度からしか選べませんが、それでは悪いからと、〝あつらえ〟用に食材を増やし30個程度から選べるようにしたら、お客様は今の2倍の喜びを味わってくれるでしょうか？　きっとそうではありません。今

〝あつらえ〟ができる喜びを10とすると、食材が30個に増えたとしてもせいぜいその喜びは1増える程度、11くらいなものでしょう。

お客様が望むところではない箇所ばかりにリソースを割き、結果的に疲れたと言って全体が疲弊していては本末転倒です。

利益はお客様からの投票。お金は悪ではない

たまにアイデアを持ってこられる方から「役に立つことができれば儲けはなくてもいい」という発言を聞くことがありますが、私はそれに同意できません。

第1章で書いたことの繰り返しになりますが、私は、お金を儲けて利益を出すことを悪だとはまったく思っていません。お金は投票のようなもの。たくさんの方に共感していただき、儲けをきちんと出すことがビジネスとしての大前提であり運営者の責務です。

お金のことだけ考えてお客様の方を向いていなかったら良くないことなのでしょうけどね。

未来食堂の場合は、「今月もたくさん人が来てくれた。余裕が出来たから来月はチーズのような値段の高い食材を使ってみよう」といった振り返りなど、もらった厚意をどうやって返すのかをよく考えています。〝厚意〟と書いたのは、単に金銭上の返還というよりも、利益自体がお客様からいただいた厚意のようなものだと感じているからです。

クリスマスや、熊本震災が起こった後は1日タダ働きして、売り上げをすべて募金に回したりもしています。ですが、こうやって返していてもまだまだ、皆様から頂いているほどには追いついていないと個人的には感じています。

話は戻りますが、儲けるのが嫌なのであれば、儲けた分を全部募金すればいいのです。たくさん稼いで大きく返せばいいのです。ビジネスプランを話してくれる人の中には、話し合いが進む中で「こうやって話していると1日80人は厳しそうなので1日30人にします」といった軌道修正を行う方もいます。すかさずそういうときは「もったいない」と返します。1日80人があなたのお店で幸せになるはずだったのに、30人しか幸せにならないのです（ここで〝幸せになる〟と断定しているのは、もちろんそうでなければ事業を興す意味がないからです）。50人のお客様にとってなんとも残念なことではないでしょうか。

たくさんの人を喜ばせることは悪いことではありません。「小さく儲かればそれで良いから」と簡単にあきらめるのを見るたびに残念な気持ちになります。

バカにしていた人が、一緒にバカになるまで

私が一貫して実現したいビジョンは「誰もが受け入れられ、誰もがふさわしい場所を作ること」。その具体的なワンシーンとして、先ほどお話した1枚の絵があり、ビジョンを支え

る根幹として〝あつらえ〟や〝まかない〟などのしくみがあります。

未来食堂を始める時はいろいろなことを言われました。「そんなシステムは無理」「注文しにくくない？」「店が回らないでしょ」「宗教じゃあるまいし」などなど。バカにされたこともありました。でも、それらの意見を解決すべく試行錯誤を重ねました。

最初から今のような形を考えていたわけではありません。例えば主菜のあつらえは800円、副菜のあつらえは400円と区分したり、食材別にあつらえ料を分けようと考えていたこともありました。ただ、実験を重ねると何かしらうまく行かない問題点が発生し、改善していくうちに今の形になっていきました。

個人的な意見ではありますが、考え続けると、最後の答えは必ずシンプルなものになります。逆に言えば、言葉を尽くしてやっとわかってもらえるのであれば、まだまだ練り方が足りないと言わざるを得ません。

今から思い返すと、会社を辞め未来食堂をめざし始めたときはまだまだ練りが浅く、したがって「そんなの無理」と皆に反論の余地を与えていたのでしょう。「なら、これでどうだ」を繰り返すたびに理論がどんどん深まります。いつしか未来食堂のコンセプトや〝あつらえ〟の話をするたびに、「ええ!? 食べたいって言ったら温かいスープが出てくるなんて、なんて素敵なお店なの！」と、バカにされるどころか、一緒にワクワクしてくれる人が増えてきました。「早く行きたい！ なんでまだないの？」なんて感想を言ってくれた人もいましたが、ある意味相当バカな発言です。

修行中の身としてはまだまだ学ばなければいけないことがあるし、物件だって決まっていませんでした。でもそんな障害を乗り越え、まだ見ぬ未来食堂を焼け付くようにイメージし、一緒にバカになってくれたのです。この頃ちょうど始まりから、バカにされた頃から、1年が経っていました。

先ほどはトップダウン、ボトムアップと2つの発想方法をお話ししましたが、どんな方法にしろ、話した相手が一緒にバカになってくれるまで試行錯誤を重ねることが、大切なのかもしれません。

第4章 未来食堂のあれこれ

最後の章では、未来食堂が出来上がるまでの個人的な話や、前章までに書ききれなかったことをいくつかお話しましょう。

〈サロン18禁〉とは

第3章でアイデアを現実に落とし込む方法をお話ししましたが、実際にどんな思いがあってシステムを作っているのか、2016年3月から未来食堂で始まった〈サロン18禁〉を取り上げ詳しく見てみましょう。

未来食堂の現在最も新しい取り組みが〈サロン18禁〉。月1回オープンする会員制サロンで、会員になれる人は18歳〝未満〟のみ。18禁というと普通は「18歳未満は禁止」ですが、ここでは裏返しの「18歳以上が禁止」という意味があります。身分証明書の確認や規約の読み合わせなど、いわゆる普通の会員制バーと同じ作りです。

〈サロン18禁〉の内容はこれからお話するとして、一番の狙いは、前章でもお話しした〝良い〟を超えた取り組み、中でも〝善い悪い〟の概念を超えた取り組みを作り出すことになりました。

○〝優等生像〟に染まってしまった未来食堂への危機感

少し繰り返しになりますが、2015年に開店した未来食堂は、〝あつらえ〟〝まかない〟を初めとするシステムで一気に世間の注目を集めました。そして2016年の初めに〝ただめし〟を開始すると、さらに注目されるようになりました。

注目されるのは嬉しくありがたいのですが、しかしこの頃から少し危機感を抱きはじめていました。誰かの善意で困った人が救われるこのあり方が、「素晴らしいシステムだ、素晴らしい店だ」と持ち上げられるたびに、世間から「道徳的に正しい」という太鼓判を押され続けているように感じられたからです。それは予期したものではなく、今この瞬間、既存の道徳観念に縛られずに自由な発想で生み出しているものが、たまたま「道徳的に正しい」と褒め称えられているだけに過ぎません。〝あなた〟にとって本当に必要なものを、いっさいの善悪から自由になって発想しているだけなのに、気がつくと優等生と褒められているのです。この反響は「危険だな」と思いました。

プラスの共感はある種の〝気持ちよさ〟があります。しかし、その気持ちよさは麻薬となり、いつしか自分は〝共感を集めるため〟にシステムを作るようになるのではないか……。

共感を集めたいあまりに「皆が良いと言っているからやろう」と判断基準を外に委ね、自分の頭で考えることを放棄してしまうのではないか……。そうなる未来の自分に危機を感じていたのです。前章で特に「盆栽型発想」として繰り返し注意を促したのも、〝ただめし〟の反響以来、自分自身がその危険な場所に少し足を踏み入れかけたことが大きく関係しています。

そしてこの危機感が、先述した新システム〈サロン18禁〉の重要なヒントになります。〝ただめし〟によって〝優等生〟になってしまった未来食堂を、もう一度自由な場所に立ち戻す必要がある。〝善い（＝道徳的に正しい）〟から行うのではなく、〝善い悪い〟を越えたところにある本質を行えるお店でありたいと考えたのです。『次に発表するシステムは、絶対に既存の道徳のものさしでは測れないようにしよう』と心に決めました。

そして2016年3月、新サービス〈サロン18禁〉を開始します。

○〝善いもの〟ではなく〝必要とされるもの〟を作る

〈サロン18禁〉はもともと構想があったわけではなく、パッと思いついたコンセプトです。18歳未満をターゲットにしたのは、未来食堂で行ったクリスマス募金で、お客様に募金先として〈子ども食堂〉を教えていただいたのがきっかけでした。

未来食堂の理念は「誰もが受け入れられ、誰もがふさわしい場所」。〝誰もが〟の中には子ども存在しますから、子どもを受け入れる形である〈子ども食堂〉は良さそうだと感じました（余談ですが、『恵まれない子どもに一食を与える』という意味での〈子ども食堂〉から〝ただめし〟が、『子どもが集まる場所』という意味での〈子ども食堂〉から〈サロン18禁〉が生まれたので、〈子ども食堂〉が未来食堂に与えた影響は大きいのかもしれません）。

しかし、そんな〈子ども食堂〉を実際に視察してみると、「自分だったらここに来たくない」という強烈な違和感を覚えたのです。〝世話好きな優しい大人がたくさんいる〟〝おじいちゃんと仲良く皆でカルタ〟…。そんな空間に足を踏み入れ、『私だったら1人でご飯を食べてオンラインゲームでもしてるほうがいい』と思う自分がいました。道徳的に正しすぎて、自分には居心地が悪く感じられたのです。昔を振り返ってみても、私は決して〝優等生〟ではありませんでした。それも理由なのかもしれません。

もちろん、ここで〈子ども食堂〉の是非を問いたいわけではありません。ただ、自分がいわゆる〈子ども食堂〉を運営するのは何か違うと感じられたのです。何が違うのか、違和感の正体を考える日々が続きました。

ある時、子どもに対するアプローチが、「ごはんを食べられない子」や「1人で食べているかわいそうな子」ばかりをイメージし、ごく一部の子どもを切り取っているだけなのではないか、と気づいたのです。〝地域活性化〟や〝かわいそうな子ども〟を対象とした〈子ども食堂〉の形に引きずられてしまい、未来食堂がきちんと自分の色を持って取り組むあり方が見えていなかったのです。子どもと一口にいってもいろんな子どもがいます。もっとフラットに考えてもいいはずだと気づいた時、〝自分のようにどこにも居場所がないと感じている子どもが欲しがる場所を作ればいいんだ〟と、パッと視界が開けました。

それはちょうど、15歳の時に初めて喫茶店に足を踏み入れた時の衝動と似ていました。家でも学校でもない自分。そんな自分が受け入れられる場所が、当時の私は欲しかったのです。未来食堂が受け入れるべき人の姿が明確になった瞬間でした。昔の自分が行きたいと思える場所……ここからめざす空間作りが始まりました。

前章でも触れましたが、『こういうのをやりたい！こういう場所があったらこういう人が絶対に来る！』と、ガツンと絵が描けたら実行します。褒められるかどうかは関係ありません。それが求められているものなら、やらないといけない。道徳的に正しいかよりも、本質であるかが大事だからです。

めざしたのは『精神的飢えを満たす場所』。精神年齢が高くて、クラスメイトとの会話が合わなかったり、詩や小説を書いているけれど友達に話すとバカにされそうだと話せない子たち…。そういった〝少し浮いてる子〟が、安心できるような場所を目指しました。

○未知の扉は自分で開ける

『次に発表するシステムは絶対に既存の道徳のものさしでは測れないものにする』という決

意どおり、〈サロン18禁〉は〝弱者の子どもに強者の大人が手を差し伸べる〟という道徳的なあり方と一線を画した作りになっています。

〈サロン18禁〉は毎月第2日曜日の11〜18時にオープン。正会員になれるのは18歳未満の人だけ。子ども相手だからと、手を抜いた空間ではありません。むしろ今までにないサロンだからこそ、より上質な空間にするよう気をつけています。普段は定食屋の未来食堂も、この日は内装を入れ替え、全くのカウンターバーに姿を変えます。

サロン内は子ども、18歳未満、未成年という雰囲気を出さないような設計。これらの言葉を使わないのはもちろんのこと、たとえば飲み物メニューは「黒／白／ハーフ」。これはお酒のような名前ですが、じつは「珈琲／牛乳／珈琲牛乳」。上質なバーに見られるような〝遊びゴコロ〟で、細部までこだわっているのです。

この〈サロン18禁〉、実は18歳以上の人でも、正会員の招待に預かれば会員として登録、入店が可能です。しかし身分は副会員。正会員とは権限が違い、〈サロン18禁〉の運営に関する決定権はありません（この招待制度は、通常は大人がOKを出したところにしか行けない子どもたちが、逆に大人を招待するという、従来の立場をまったく逆転した象徴的な制度といえます）。対して正会員は、正会員6名の同意があると副会員を除名できるなど、とても強い権限を持ちます。

また招待制度には、「正会員の2親等以内は招待できない」という制限を設けています。

つまり、親や兄弟をサロンに招待することはできません。

サロンとは「日常から切り離された空間」です。子どもは、その上質さに戸惑いながらも背伸びして、少しずつ良い大人になっていくもの。友達や親と来るような〝日常〟と地続きでは意味がありません。未知の扉は自分で開けなければ意味がないのです。

先月、第6回目の「サロン18禁」を開催しました。小学生から高校生まで男女比も半々くらい。詳細は語れませんが、想像していたとおりの空間が漂っています。ここから先〈サロン18禁〉がどのような形になっていくかはわかりませんが、私が〝絵〟を浮き上がらせた経緯や、それを現実に落とし込む過程の雰囲気が、この文章を通して皆さんに少しでも伝われば幸いです。

未来食堂の〝ほっておく〟接客の原型

テレビやインターネットなどで未来食堂を知り、「さぞ和気藹々とした、ふれあいあふれるお店なのだろう」と期待して来られる方は、実際に来店されて想像とのギャップにまごつかれていることが多々あります。というのも、私は特に愛想良くお客様との会話を弾ませるわけでもなく、再び来店されたお客様に「お久しぶりです！」とお話しすることもないからです。

もちろん何回か来てくださっているお客様の顔は大体わかります。ですがいつも知らないふりをして接しているので、たとえば毎日来てくださるお客様でも、必ず100円割引券を見せていただいています。未来食堂には『顔パス』『常連さん』という概念はないのです。

かといってコミュニケーションがまったくないわけでもなく、たとえば苦手な食べ物を教えてくれたお客様が来たときはさりげなくその食材を抜いておいたり（それを伝えることはありませんが）、熱い物が苦手な方、召し上がるスピードが遅い方、早い方、大体のクセはなんとなく把握して、その方に合うように接しています。たとえば召し上がるのもお帰りになるのも早い方は、食後のデザートを早めにお出ししたりといった塩梅。

これはコミュニケーションといっていいのかわかりませんが、閉店前ともなると「床を掃除しないと」との私の宣言（?）につられ、気がつくとモップを持って床掃除をしていた、というお客様も少なくありません（正直に言うならばほぼ毎日といったところでしょうか）。

こういった少し独特なコミュニケーションのあり方は、中高生のときに初めて足を踏み入れた夜の世界、大阪のとあるゲイバーでの体験が大きいのかもしれません。

バーのママ（と書きましたが一応付け加えておくと男性です）は、中学生の私がひょんなことからお店に来るようになっても、どうして来てるのだとか、普段はどう過ごしているのかなど尋ねてくるようなことは一切ありませんでした。ただ、たとえば私が他のお客さんからアルコールを飲まされそうになると、さりげなく呼びつけて手伝いをさせたりして上手くいろんなお客さんに気を配っていました。そんな、見ていないようで見ているその姿が、自分の理想とするお店のあり方に結びついたのかもしれません。

閉店まで過ごし、なんとなくお店の掃除を手伝ってはママの家に泊まりに行ったりしている中で、先述した水商売の人のつきあい方を学ぶこともありました（余談ですが、バーというところは閉店まで過ごすとマスターが家に泊めてくれるものとすっかり思い込んでいた私は、東京に来て普通のバーに入り、閉店とともにお客さんが一斉に帰るのを見て驚いたものです。今思えばあれは、夜の町に学生を放り出しては危ないからというママなりの気遣いだったのでしょう）。

お店では、お互いに詮索することはないにもかかわらず距離が近かったり、背負ってるものがいろいろあるのだろうと感じさせる方々が賑やかに、時には静かに時を過ごしていました。

また、私が年少の時に10年間茶道を学んでいたことも大きいのかもしれません。茶道の世界はあからさまに口に出して表現することを好みません。掛け軸や飾られている花はいつも季節や節句にあわせて変わるのですが、ひっそりとしています。それを気づけなければそれまでなのです。お客様が来るかどうかわからなくても万全の用意をして、しかしそれを客人に悟られない、そんな茶道のあり方は自分のおもてなし観にずいぶん影響を与えたと思います。

過度ではない、ちょうどいい距離の関係性。言葉にするとありがちな一文ですが、このような体験によって、体現する過程で独特の色が付いていったのかもしれません。

また、知っていても知らない振りをする、いわば『毎日が記憶喪失』のような接客スタイルは、ある意味で逆に『来やすい空気』を生むと考えています。

たとえばコンビニはどんな頻度でも、毎日だろうと久しぶりだろうと、気にせず来店できます。店員の方のコミュニケーションが最低限ゆえに、ほとんど気を遣わなくていいからです。「久しぶり! 最近どうしてたの?」と、元気があれば聞かれると嬉しいことでも、元気がないときはそっとしておいてほしいと思うこともあります。未来食堂は特に、元気いっぱいに和気藹々と皆で楽しむ店というよりも、疲れた時にこそ思い出して1人でひっそりと過ごしてほしいお店なので、極力、どんなに元気がなくても来ることが苦にならないあり方で接しています。それが、徒に相手に関心を向けず詮索しない独特の今のスタイルになっていったのでしょう。

極論を言うと、困ったときに未来食堂のことを思い出してくれればそれで良いのです。私が未来食堂に持っているイメージの原型が、前章で触れたとおり、『1人の人が座っていて、ちょっと寄る辺ない感じだけどここでは少し存在してくれている感じ』といったものなので、毎日来てくれなくてもいいのです。もちろん商売なので、毎日来てくれればありがたいし、好んで来店されているわけですから大変嬉しいのですが、でもそれを目標にしたり、「めざせリピーター獲得！」と旗を掲げたりすることは、少し違うと感じるのです。

もちろん、毎日でも来れるようメニューを毎日替えたり、「いい店だな、また来よう」と思ってくださるように、例えば日々の掃除をがんばったりしているのですが、無理に引き留めていると、未来食堂の持つ〝避難所〟のような空気がずれていってしまうことでしょう。

未来食堂では、一度来ると永久に使える『100円割引券』をお渡ししています。「初回のサービスではなく、2回目以降で割引するのは珍しいね」とお客様によく言われるのですが、考えてみると確かにそうかもしれません。「初めてのお客様は100円割引」というスタイルのほうが、普通のお店ではよく見かけますね。

『100円割引券』には、リピートしてほしいという思いもありますが、一度お店に来てくれた方との縁を切りたくない、という思いのほうが根底にあります。なので、『10回来ると○○円割引』のようなポイント制のシステムを取り入れることもありません。毎日が記憶喪失の日々の中では、10回目の来店と2回目の来店は、また来てくれたという意味で等価だからです。1度来るとずっと使える割引券は、リピートしてくれることを望みながらも、〝何度も〟をこちらからは望まない、未来食堂の立ち位置を象徴しているのかもしれません。

１９６０年代の未来をイメージした内装

未来食堂に来られた方から、「初めて来たのに何だか懐かしい感じがする」と感想をもらうことがあります。未来食堂のデザインコンセプトは「懐かしい未来」。例えば店名ロゴも『もしも大阪万博に未来食堂があったなら』をイメージした、レトロだけれど未来感漂うデザインです。昔の公民館にあったような厚手の水玉湯呑や、１９６０年代の高級木工チェア、磨り硝子の醤油さし、日めくりカレンダー、寄木細工のトレイなど。例えば椅子は１つ１つ違うものですが、どれも年代が一緒だからか雰囲気が似ていてよく馴染んでいます。

その内の１つは61年間続いた名喫茶、〈新宿スカラ座〉から頂いたもの。未来食堂が開業する９月13日のちょうど半月前の８月31日に自らの歴史に幕を下ろした〈スカラ座〉は、そのレトロで重厚な雰囲気を個人的に気に入っていたこともあり、なんとかこのお店の良さを継げないかと切望し、オーナー様にお願いして譲り受けたもの。赤モケットのクッションの座り心地がよく、気に入って座られるお客様もよくいらっしゃいます。調度品の１つ１つがレトロで品のある物なので、初めて来られた方にも落ち着いた懐かしさを感じさせるのかもしれません。

作家物の小皿、職人さん特注のおひつ

未来食堂の食事はお盆で提供する、いわゆる定食屋スタイル。お盆に載った食器や料理を見て歓声を上げる方もよくいらっしゃいます。「食器がかわいい！」と喜んでくださるのはやはり女性が多いですが、それもそのはずで、未来食堂の食器は丹念に選んだ、業務用ではなく家庭用レベルの品質の物なのです。特に陶器の小さな豆皿は、伊勢丹新宿店で展示をされていた作家さんの作品に一目惚れをして、頼み込んでオーダーメイドしたもの。形から粘土、ヤスリの掛け方まで特別に計らってくれた作品です（飲食店使用なので強い土で、お盆の塗りを傷つけないように細かくヤスリをかけてすべらかにしてくれています）。60枚近いこの豆皿は、1つ1つ柄が違います。「この豆皿かわいい！」と喜んでくださるお客様には、実は作家物なのだとお話しするのですが、ほとんどの方が作家物の食器に触れたことはないので、こういった文化を知る良いきっかけにもなっているのではないでしょうか。

おひつも職人さんの手作り。未来食堂のカウンターはトップのある2枚作りなのですが、このカウンターとカウンターの間にぴったりと入る高さになるよう、職人さんに頼んだ特注品です。陶器作家さんもおひつ職人さんも、飲食店で作品が使われるということは今までなかったようで、未来食堂に来て、実際に使ってくださるお客様を見ると嬉しさもひとしおの

ようです。おひつの職人さんは名古屋在住の気のいいおじいちゃんなのですが、ご来店された際、お客様に「この方が今使われているおひつを作った職人さんですよ」と紹介すると、皆さん興味津々。おひつ談義にずいぶん花が咲いていたようです。

ごはん碗も山中塗りの特注品。

職人さんに特注した豆皿。60枚近くあり、1つ1つ柄が違う

漆塗りのごはん碗は現代の日本ではあまり例がありませんが、瀬戸物が流通する江戸時代以前は木のご飯碗だったことや、茶道や懐石などフォーマルな場面では漆塗りのご飯碗であることから、職人さんに相談して特別に作っていただきました。開店直後は瀬戸物のごく一般的なごはん碗を使っていたのですが、ごはん碗は大きく丸みのある食器なので割れる率が非常に高いのですね。危ないし非効率なので、木製に切り替えた経緯もあります。実際に石川県山中を訪れ、塗りの素地（漆を塗る前の木材）、形、漆の色を選びました。職人さんも初めての素地と漆の組み合わせに悪戦苦闘したようですが、無事とても良い物を作ってくださいました。持った感じがいいねとお客様からの評判も上々です。

私はもともと食器が好きだったわけではないのですが、どんな食器がいいだろうと百貨店を巡ったり展示を見たりしているうちにどんどん目が肥えていったようです。今でもどこか地方都市を訪れた時は必ずその地方の百貨店の食器コーナーに足を運びますし、都心の展示は定期的に見て回ります。

未来食堂は小さなお店なので職人さんに大量に発注をかけることはできませんが、〝まかない〟があることで飲食店を始めたい人が集っているため、「私のお店でもこの豆皿を使いたいです」と言ってくれるまかないさんもいます。吉祥寺で月1の〈子ども食堂〉を開催しているまかないさんも、先月おひつを特注していました。私個人の購入量は限界がありますが、こうやって他のお客様を紹介することで少しでも恩返しできればと思っています。

食材へのこだわりは公表しない

「食器へのこだわりはわかったけど、食材はどうなんだ?」と気になった方もいるかもしれません。実はこちらに関しては一切公表していません。どういった食材を使っているのかは、お客様から聞かれればお話ししていますが、それを表立って宣伝することはありません。

というのも、未来食堂はお客様自身の〝おいしさ〟を最大限尊重するお店だからです。店側が、例えば「お米はおいしい○○産!」と謳ってしまうと、「そうか、こういうものが多数派の〝おいしい〟なんだ」と、お客様が自分の感覚を曲げて、店の『○○がおいしい』を受け入れざるを得なくなります。その姿は、店側のおいしさをプレゼンする従来の飲食店と変わりありません。

お店が「おいしい」と言ってしまうと、その世界（＝店）ではお客様よりも店側がずっと強くプレゼン力を持っているため、お客様は従わざるを得なくなります。お店が「おいしい」と言っているものに「いや、XXの方がおいしい」と堂々と立ち向かえるのはグルメマンガの主人公くらいでしょう。一切公表しないというのはナイーブすぎるのではと感じられたかもしれませんが、このくらいしないと弱い立場にあるお客様とバランスが取れないと考えています。

もちろん、変な食材を使っていることはありません。公表できないようなものを使っていると、朝から晩まで厨房にまかないさんという〝半分お客様〟がいるのですから、とても隠してはおけないでしょう。まかないさんたちが「げっ！　こんなの使ってるの」と幻滅したのなら、すぐにその噂は広まってしまうと思います。通常の飲食店よりもとことんオープンな作りから言っても、隠しておくことは難しいでしょう。

また、食材のこだわりを公表しない別の理由として、料理を『料理＝食材＋（調理）技術』と要素分解した時に、現在の飲食業界は〝食材〟をアピールしすぎではないかと思っていることも大きいです。『どんな食材、リクエストが来ても〝おいしく〟料理をする』ことを信条にしている私としては、食材で〝おいしさ（＝お店の存在価値）〟をプレゼンするのは、少しズルいと感じるのです。

チェーン展開やアルバイト雇用などで、「誰でも」調理できるようにした結果、技術力でアピールすることが難しくなり、代わりに食材でアピールするようになった経緯は理解できるのですが。でも、「〇〇産」ばかりを謳うのは〝料理屋〟の姿ではありません。飲食店は小売業ではありません。料理人は料理の腕で勝負するべきです。

もちろん私はまだまだ半人前の若造です。ですが、だからこそ食材に逃げることなく日々技術を磨きたいと思うのです。毎日メニューが替わり基本的に同じものを作らない未来食堂では、幸いなことに毎日が学びの場です。

例えば今年8月の第1週に作った小鉢は「冬瓜冷煮、五目豆、塩もみキュウリのモロヘイヤ和え、鮭のナンプラー漬焼、夏野菜のグリル煮浸し、なめろう、小松菜胡麻よごし、キュウリとオクラの梅肉和え、大豆とモロヘイヤ和え、わさび漬けと黒はんぺん（この2つは静岡からきたまかないさんの手みやげ）」。これらをメインとは別に作ります。季節感も大事です（ちなみにその1週間、暑いので汁碗を冷汁にしました）。大量に作るので「次はこうしよう」と知恵がどんどんたまります。

他店で食べたおいしい物を真似するのも学びになります。とあるホテルのバイキングで食べたポテトサラダがクリーミーでおいしく、コックの方にお聞きしたところ、裏ごしすることでなめらかさを出しているとのこと。早速真似て作ってみると、お客様からも「おいしい！これクリーム入れてるんですか？」と評判も上々。「ゆでたジャガイモをフードプロセッサーでなめらかにしているんですよ」と伝えると、家でもやってみますとみなさん嬉しそうに帰って行きます。ちなみに「ここで食べた物を夜に作るの」と言ってくださるお客様も多いです。家の献立の参考にされている方は結構いらっしゃいますね。

「〇〇産」を謳うのは簡単です。対して技術のアピールは難しいです。店の思う〝おいしさ〟を押しつけないようにと思うと、なおさらです。ですので結果として未来食堂は、店側から〝おいしさ〟をほとんどアピールしないあり方になっています。歯がゆく思うこともありますが、「ここに来ればおいしい物がすぐ食べられていい」と言って足繁く通ってくださるお客様もありがたいことにいらっしゃるので、それを信じてただただ精進するばかりです。

メディア、SNSとのつきあい方

店側が思うおいしさ、食材などのアピールをしないことは初めから決めていたので、メディアに取り上げられるようになってからも「いかに未来食堂の食事がおいしいか」といった文言は情報に載せないよう、事前に記者の方々にお願いしていました。ここではそんな、他者発信（メディア）と自分発信（ＳＮＳ）の取り扱いについて意識していることをお伝えしようと思います。

①対メディア

・軸をぶらさない

未来食堂がメディアに取り上げられる時は、私の理学部出身／元エンジニアだったという経歴や、〝まかない〟などの独自のシステムに焦点が当たることが多く、報道を目にした方の「で、味はどうなのよ。どうせおいしくないんじゃない？」という感想がネットによく上がり、それを目にするたびに「食事もがんばってるよ！」と歯がゆい思いをしてきました。

でも、だからといって私（店側）が「未来食堂の食事はおいしいです」と言い始めると、先述のとおり、あっという間に未来食堂の良さである、お客様1人1人の〝おいしさ〟を大切にするあり方が損なわれてしまうでしょう。

他者発信であれば特に、曲解されて伝わることも多いです。ですが、そんなものだと期待しないで受け入れることが大事だと思っています。人が人を完璧に理解することなど不可能だし、そのレベルを求めるのは甘えというものでしょう。

ただ、『絶対に伝えないこと』を決めておくのは大事です（伝えたいことが伝えられるかは、スポンサーや紙面文字量などいろいろあって誰にも確約できないでしょう）。そういった意味で軸をぶらしてはいけないと思います。

・お願いを共有化する

いくつか取材を受けていると、気をつけてほしいことが徐々にわかってくると思います。それらを文書にまとめ次の依頼の時に共有すれば、説明する手間も省けますし質が均等化されます。未来食堂ではHP上に『取材される方へのお願い』を載せ、依頼があるとまずこちらを確認していただくようお願いしています。先述した「伝えないこと」の記述やよく聞かれることのFAQ、取材中の張り紙の文言まで細かく記述しており、「ここまで書いてくれると逆に助かります」とメディアの方に感想を頂くことも多いです。

②対SNS

・〝あなた〟を埋もれさせない

詳しくは第1章でも書きましたが、未来食堂では1対1コミュニケーションを大事にしています。SNSでは不特定多数に向けて頻繁に更新するというよりも、親しい友人に宛てた手紙のようなイメージで記事を書いています。

③対メディア、SNS共通

・覚悟する

いわゆるネット上での炎上や、本当に伝えたいことが裁ち落とされたような報道に、消耗することもあるかもしれません。しかしそれを怖がっていては動けなくなってしまうでしょう。

本当に伝えたいことがあるのなら多少の清濁は併せ呑むことが大切です。未来食堂は「誰もが受け入れられ、誰もがふさわしい場所」を作ること、そしてそれを知らしめることが事業目的。まだ未来食堂を知らない、そして必要としている〝あなた〟に届くためであれば多少の負傷もやむを得ません。

1人きりで、正であれ負であれ人の感情のエネルギーを受け止めるというのはしんどいと思います。でも、そういうものなのです。特に、既存の常識的なあり方と違うことを始めるのであれば、どこかで覚悟を決めなければいけません。

さて、この本もようやく終わりに近づきました。最後に少しだけ、未来食堂が出来るまでのことを少しお話ししましょう。

会社員を辞めるまで

私はもともと飲食の道を歩んでいたわけではなく、大学卒業後6年弱ほど会社員として過ごしていました。未来食堂を始めようと会社員を辞める前には、食の会社クックパッドにいたこともあり、今の未来食堂の形よりもう少しクックパッドの強みを生かした飲食店のプランを会社に提案したこともあります。1人で店を始めることが目的なのではなく、社内で何かをできるのであればそれでも良かったためです。しかし社長の返答は「現時点で社との親和性は低いので難しい」というもの。「それならば、自分でやろう」。そう思い会社を辞め、未来食堂を形作るべく飲食店の修行を始めました。

会社を辞める頃には〈未来食堂〉という屋号や、〝あつらえ〟のコンセプトが出来上がっていたため、メッセージカードの表に「未来食堂」のスタンプを押し、裏に『○○さんの〝ふつう〟をあつらえるお店です。2015年秋頃開店予定です。100円券』と書いたメッセージカードを、お世話になった同僚の方々に渡しました。実際には何の見通しもなかったので「こいつは何を言っているんだ……」と思われたかもしれませんが、とにかくそんな形でスタートを切ったのです。

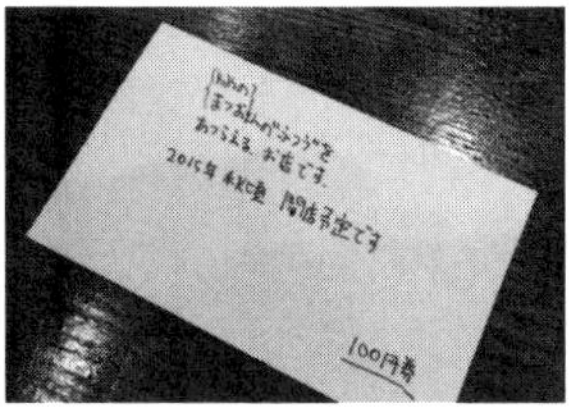

会社を辞める際に同僚に配っていたメッセージカード。この裏側に「未来食堂」の屋号スタンプを押していた

余談ですがこのメッセージカード、開店してから持ってきてくれた同僚がいて、嬉しかったですね。もちろん割引させて頂きました。

○飲食店での修行

飲食業の経験がまったくない自分でしたが、当初から店を1人でやることは決めていました。なぜなら〝あつらえ〟というコンセプトはまだ巷に存在していないため、新たに切り拓く最初の段階では、人を雇うのではなく、まずは自分が調理をして〝あつらえ〟を示す必要があると考えたからです。

会社を辞めた次の日に家事代行サービスに登録し、掃除や料理の基本を学びながら、様々なご家庭で料理を作ることで、いろんな人・家庭の食風景を学んだり、また、サイゼリヤやオリジン弁当のような効率的なチェーン店から、創業120年を越える老舗仕出し屋まで、様々な飲食店で働きました。

機材の高さや床の幅なども、「自分だったらもう5センチ下げて使いたい」といった使いやすさの判断ができるため、様々な店舗で働けたのはいい経験となりました。もっとも、働いている最中にメジャーを出して「この作業台の奥行きは90センチか」とやっていては「何やってるんだ！」と怒られますから、指を伸ばして尺を採ったり、足幅いくつ分、といった形でこそこそとメモ帳に書き留め、家で数値を割り出したりしていたものです。

○物件契約

本好きが集まるオフィス街ということで、神保町に店を出そうとは最初からイメージしていたのですが、今の物件を見つけた時は本当にここで良いのか、周辺に聞き込み調査を行いました。ランチタイムに歩いている人数や近隣のお店に入っている人数をカウントしたり、「ここに、土鍋ご飯が食べ放題の定食屋があったらどうですか?」とインタビューしてみたり（当初は土鍋で炊飯する計画だったのですが、容量やおいしさの面から現在のガス炊に変更しました）。「良いねえ！　行くよ！　明日にでも行く！」と調子よく即答され苦笑することもありました。

物件を知る方からは「ランチタイムがすごく短くてさばくのが大変だから1人でなんて無理。夜も人通りがないところだから考え直しなさい」と言われたのですが、それでこそ昼の効率的なオペレーションが最大限活かせるであろうことと、夜は日本にまだない〝あつらえ〟が集客の目玉になるだろうこと、また、時間のかかる〝あつらえ〟のためにも夜に混みあうのは避けたかったこともあり、今の物件に決めました。2015年7月、開店2ヶ月前に正式に契約を結びました。

○開店当初

会社を辞めた次の日から、未来食堂開業に向けてのブログ『未来食堂日記（飲食店開業日記）』を書いていたので、そのブログの読者の方が初日にたくさん見えてくれるなど好調な滑り出しを見せました（開店当時、ブログは1日1300PV程度ありました）。

ちなみに開店当初はランチ８５０円（50円割引をお渡しして次回以降は８００円）という単価計画だったのですが、50円玉が出て行くばかりで毎日50円玉を用意する必要があることがわかり、両替の手間を減らすために９００円（次回以降１００円割引で８００円）に、開店２日目から価格を変更しました。やってみないとわからないこともあると感じた出来事でした。

開店１年と少し過ぎた今は幸い、〝普段使いの便利なごはん屋さん〟として大勢のお客様が足を運んでくださいます。〝少し変わったシステムのあるお店〟として遠方からも訪れる方がいらっしゃいます（余談ですが未来食堂は日月休み。オフィス街ですので土日休みにした方が売上は伸びるのですが、遠方から来られる方は平日だけだと足を運びづらいため、ガラガラのオフィス街の只中で土曜日に営業しています）。

※未来食堂の営業時間については、公式ＨＰ内「カレンダー」にて最新情報をご確認ください。http://miraishokudo.com/

あとがき

『ただめしを食べさせる食堂が今日も黒字の理由』――ずいぶん刺激的なタイトルでしたが、〝黒字の理由〟、伝わったでしょうか。

未来食堂は〝ただめし〟が食べられたり、50分のお手伝いで1食無料になったりと、一見、「どうやって儲けてるの?」と不思議に思われる定食屋です。でも、これらはお店が持ち出しで負担しているのではなく、〝まかない〟などのお客様が手伝うしくみと組み合わせることによって無理なく実現している、という一文がその答えになります。本書では、このしくみを詳しく解説しました。そして黒字、儲けることももちろん大切なことですが、本書ではそれにとどまらず、

・未来食堂がなぜこんな〝ややこしい〟形を取っているのか
・このように新しい形を生み出すにあたってのヒント

も、お伝えしました。

お付き合いいただき、ありがとうございました。

よく、「未来食堂のこれからの展望は？」と聞かれますが、私にはわかりません。

未来食堂自体の将来もそうですが、未来食堂に来てくれた方々の将来もまた、興味深く映っています。

〝まかない〟として全国からやって来る飲食店開業希望者の方々。すでにお店を出している方も、これからの方もいらっしゃいます。例えば、来年開業を目指すまかないさんは５人。すでに開店された方は３人。開業されても、「魚料理の仕込みを教えてください」とふらりと立ち寄ってくれるまかないさんもいます。

全国津々浦々で、未来食堂らしさを受け継いだお店が出来ていくのはとても嬉しく思っています。また、まかないさん以外のお客様も、自分の書いた事業計画書や構想を語る方が多く、そういった方々から時折進展を聞ける（物件が見つかりました、とか）のも喜ばしいことです。

村おこしの人たちが自分の村の特産物を持ってやって来たり、メーカーの方がキャンペーンとして調味料を山ほどプレゼントして下さったり。いろんな方々とのかかわり合いの中で、お客様も新しい発見があり、また、新しいつながりが生まれていくのを感じています。

では、未来食堂自体の将来はどうでしょうか。

すでにお話ししたとおり、未来食堂の各システムや経営方法はすべて公開しており誰でもコピー可能です。つまり、2号店やフランチャイズによる、いわゆる〝飲食店的〟な正攻法で発展していくことはイメージしづらいのです。ではどんな発展形があり得るのでしょうか。未来食堂を思いついた時から、この疑問はずっと頭を占めていました。不思議なもので、現実的には売れなくて閉店する可能性の方が高かったかもしれませんが、私本人としてはなんとなく未来食堂は広く世に知られるようになるだろうというイメージがありました。そういうこともあり、早くから未来食堂の先の姿を空想していたのです。

未来食堂は、その理念「誰もが受け入れられ、誰もがふさわしい場所」が伝播されることが本質です。それは必ずしも飲食店として伝わっていくことを意味しません。どんな業態であってもいいのです。私は「誰もが受け入れられ、誰もがふさわしい場所」という理念を、未来食堂という飲食業態に落とし込みました。理念が広く伝播されることにより、共感してくれた別の人が新しい形に転化させることでしょう。ですから、創業者である私自身も、バトンを次につなげる第一走者にすぎません。

2号店、3号店といった形での収益増加による発展ではなく、理念への共感による世の中の変化。これが未来食堂のめざす将来像です。

この本を読んでくださっている今まさに、新しいことにチャレンジしたいと思っている方もいるかもしれません。でも、思うだけで実行に移せない方もいると思います。それは仕方のないことです。チャレンジしないあなたを笑う人は誰もいません。

ですがもし1歩、あなたが、あなたの思う未来に向かって足を踏み出すのなら、その時はどこまでも応援させてください。だってあなたの手の中にはもうしっかりと、私からのバトンが握られているのですから。

最後になりましたが、食堂に足を運んでくださるお客様、まかないさん、わがままな仕入れに付き合ってくれている仲買さん、いつか未来食堂に来たいと思ってくださっている遠方の方々、本書の担当編集である太田出版の村上清さん（この本のタイトルは12時間の会議を経て決まりました）、そしてこの本を手に取ってくださったあなたに、精一杯の感謝を申し上げます。ありがとうございました。

小林せかい（こばやし・せかい）

東京工業大学理学部数学科卒業。日本IBM、クックパッドで計6年間エンジニアとして勤務後、さまざまな厨房での1年4ヶ月の修業期間を経て2015年9月、東京都千代田区一ツ橋に「未来食堂」開業。本書が初の書き下ろしとなる。著作に『未来食堂ができるまで』（小学館）。「日経WOMAN」ウーマン・オブ・ザ・イヤー 2017受賞。
http://miraishokudo.com/

ただめしを食べさせる食堂が今日も黒字の理由

2016年12月17日　第1版第1刷発行

著者	小林せかい
デザイン	五十嵐ユミ（prigraphics）
カバー・本文イラスト	須山奈津希
口絵・本文写真（P.221）	あさみあやこ
本文マンガ	ude
Special Thanks	倉又美樹（nicoicon）
編集	村上 清
営業担当	林 和弘
発行人	北尾修一
発行所	株式会社太田出版 〒160-8571　東京都新宿区愛住町22 第三山田ビル4F 電話 03（3359）6262　fax 03（3359）0040 振替 00120-6-162166 ホームページ http://www.ohtabooks.com
印刷・製本	株式会社シナノ

ISBN978-4-7783-1550-4 C0033